经广东省开平市中小学教研室审查实验教材
中等职业学校地理课程乡土教材

开平地理

KAIPING DILI

张锦尤 主编

中山大学出版社
·广州·

版权所有 翻印必究

图书在版编目（CIP）数据

开平地理 / 张锦尤主编. —广州：中山大学出版社，2017.8
ISBN 978-7-306-06111-9

Ⅰ. ①开… Ⅱ. ①张… Ⅲ. ①地理－开平 Ⅳ. ①K926.53

中国版本图书馆CIP数据核字（2017）第176798号

出 版 人：	徐　劲
策划编辑：	李　文　曹丽云
责任编辑：	曹丽云
封面设计：	林锦华
责任校对：	李　文
责任技编：	何雅涛
出版发行：	中山大学出版社
电　　话：	编辑部 020-84111996，84113349，84111997，84110779
	发行部 020-84111998，84111981，84111160
地　　址：	广州市新港西路135号
邮　　编：	510275　　传真：020-84036565
网　　址：	http://www.zsup.com.cn　E-mail:zdcbs@mail.sysu.edu.cn
印 刷 者：	佛山市浩文彩色印刷有限公司
规　　格：	787mm×1092mm　　1/16　　7印张　　190千字
版次印次：	2017年8月第1版　2017年8月第1次印刷
定　　价：	30.00元

如发现本书因印装质量影响阅读，请与出版社发行部联系调换

开平地理

主　　编：张锦尤

编写人员：张锦尤　郭梦诗　朱莹莹　梁淑苗　龚秀珍　胡丽嫦　谭素娴

统　　稿：张锦尤

审　　稿：冯宜远

绘图及版式设计：朱莹莹

市场营销及电子商务推广：郭梦诗

谨向为本书提供资料及图片的单位和人士致谢

（排名不分先后）

开平市人民政府办公室　梁国少

开平市气象局　余江华

开平市地方志办公室　关万全

开平市现代影艺工作室　黄锡球

开平市大沙中学　吴锦尧

开平市赤水镇丰润养猪场　黎锦鸿

开侨中学　张一凡

紫罗兰婚纱摄影楼　黄锦泉

开平侨乡报　关炳辉

广州市海珠区中小学教研室　张灿祥

开平慧兴织布有限公司　林顺珠

主 编 的 话

教育部颁布的《全日制义务教育地理课程标准》在乡土地理内容标准部分明确提出:"乡土地理教材的编写应纳入地方课程开发计划,并切实加以落实;这里的'乡土'范围一般是指县一级行政区域。"为此,我们组织广东省开平市一线地理教师编写了这本《开平地理》教材。本教材在未经广东省教育行政部门审定通过之前,仅供中等职业学校作为实验教材使用,待审定通过后,方可在普通中小学使用。

开平地理教学能帮助学生认识开平的生活环境,引导学生主动参与,学以致用,培养学生的地理实践能力,使学生树立可持续发展的观念,增强学生对祖国及家乡的情感。

本书借鉴《广东地理》和《江门地理》的编写体系,分别从自然、经济、人文、旅游及发展战略等方面,系统地对开平的自然地理环境、社会发展现状、人文风物特色、未来发展战略等方面进行了生动的阐述和分析。

本书正文部分中,主要学习的内容用宋体字,辅助学习的内容为楷体、仿宋体字,设有"阅读""活动"等栏目,希望能拓宽学生的知识面和启发学生的思维,培养学生树立正确的人地协调观,促进学生全面发展。

根据国务院《地图管理条例》(中华人民共和国国务院令第664号)中的有关规定,本教材暂不使用教学地图,待条件具备时,另行出版一套《开平地理图册》作为本教材的配套教材。教师在教学过程中,可使用《广东地理》和《江门地理》中的配图辅助教学。不便之处,敬请谅解。

本书的编写得到开平市中小学教研室冯宜远老师的热情指导,并为本书进行了审稿;开平市人民政府办公室、开平市教育局、开平市中小学教研室等有关单位和部门为本书的编写给予了大力的支持和帮助,在此,谨向他们表示衷心的感谢。

由于我们水平有限,而且本版是初版,难免会有错漏之处,恳请广大师生及社会各界人士提出宝贵意见,以便在再版重印时能及时订正。

张锦尤

2017年6月28日

目 录

1　第一章　位置与区划
1　　　第一节　"开平"的由来、位置和面积
4　　　第二节　行政区划

6　第二章　自然资源与环境
6　　　第一节　自然环境与自然资源
16　　　第二节　环境保护与可持续发展

25　第三章　人口与城市
25　　　第一节　人口的增长与迁移
31　　　第二节　城镇（村庄）的分布与特征

35　第四章　经济与社会
35　　　第一节　优质高效的现代农业
44　　　第二节　先进装备制造业和建筑业
48　　　第三节　水陆发达的交通和便捷的现代通信
53　　　第四节　闻名遐迩的旅游业

61　第五章　区域差异与区域发展
61　　　第一节　北部山地林业及生态农业区
68　　　第二节　东部中心城区及产业聚集区
83　　　第三节　西部历史文化及世界遗产保护区
91　　　第四节　南部田园生态农业区

98　第六章　大江门

103　参考文献

第一章 位置和区划

第一节 "开平"的由来、位置和面积

一、"开平"地名的由来

明万历元年（1573年），兵备李材平定阳江、恩平、新会、新兴一带匪患后，在仓步村（今广东省开平市苍城）屯兵，称为"开平屯"。明崇祯十一年（1638年），恩平、新会、新兴三县逐级上报，力陈在此地建县之必要，并划恩平长静都（今广东省开平市龙胜、苍城、马冈）、新兴双桥都（今广东省江门市鹤山双桥）、新会登名都（今开平市水口沙冈）、新会古博都（今开平市月山、水口及鹤山址山）、新会平康都（今开平市塘口、赤坎、百合、长沙）、新会德行都（今开平市蚬冈、金鸡、赤水）建开平县，县名取意"开通、敉平"二义。因政权更迭，开平建县之事未来得及试行。至南明永历三年（清顺治六年，1649年），南明桂王批准开平立县，以原开平屯的"开平"二字为县名。第一任县令伍士昌到任后，着手与恩平、新兴、新会三县划定县界，交接户口清册等事宜。

 **开平市历史沿革**

秦朝，秦始皇派兵攻取南越，在岭南设置南海、桂林、象郡，今开平地（以下简称"开平"）隶属南海郡番禺县。

汉武帝元封五年（前106年），天下分为13州，开平隶属交州合浦郡临允县。

开平地理

三国吴黄武五年（226年），从交州分出南海、苍梧、郁林、高凉4郡设立广州，开平分属广州苍梧郡临允县、南海郡平夷县。

晋武帝太康元年（280年），天下分为19州，开平分属广州新宁郡临允、新兴、新夷县，南海郡盆允、封平县。南朝宋，设22州，开平分属广州新宁郡临允、新兴县，新会郡新夷、盆允、封平、封乐、义宁、初宾、始康县。南朝梁，割广州新宁一郡立新州，开平分属新州新宁郡新兴县，广州新会郡新夷、盆允、封平、封乐、义宁、初宾、始康县。南朝陈，开平行政隶属与南朝梁相同。

隋开皇三年（583年），将诸郡改为州。大业三年（607年），又改州为郡，开平分属信安郡新兴县，南海郡新会、义宁县。

唐贞观元年（627年），设10道。开元二十一年（733年）又分为15道，道下设州，开平分属岭南道新州新兴县，冈州新会、义宁县。五代（南汉），开平分属新州新兴县，兴王府新会、义宁县。

宋太宗至道三年（997年），设15道，开平分属广南东路新州新兴县、广州新会县。

元朝，开平分属江西等处行中书省新州新兴县、广州路新会县。

明洪武九年（1376年），改行中书省为布政司，开平分属广东布政司肇庆府新兴县、恩平县，广州府新会县。

南明永历三年/清顺治六年（1649年），开平立县，隶属肇庆府。

民国初期，开平县仍按清制隶属肇庆府。

民国三年（1914年），开平隶属粤海道。民国九年（1920年），撤销道制，只留省县级行政建制。民国十七年（1928年），隶属西江善后委员公署。民国二十五年（1936年）10月，隶属广东省第一行政督察区。民国三十八年（1949年）4月，改属广东省第十行政区。

中华人民共和国成立后，1949年10月，开平隶属粤中专区。1952年5月，划入粤西行政区。1956年1月，撤销粤西行政区，开平县划归佛山专区。1958年12月，改属江门专区。1961年2月，改属肇庆专区。1963年9月，再次划归佛山专区（1968年1月改专区为地区）。

1983年5月，开平改属江门市。1993年1月5日，撤销开平县，设立开平市。1999年6月21日，将开平市人民政府驻地由三埠街道长沙沿江东路135号迁至长沙街道长沙光华路1号。

2000—2002年，开平市辖3个街道（三埠、长沙、沙冈）、15个镇（水井、月山、水口、赤水、东山、金鸡、蚬冈、百合、赤坎、塘口、大沙、马冈、龙胜、苍城、沙塘）。2004年，水井镇并入月山镇，东山镇并入赤水镇。2005年5月，开平市辖3个街道（三埠、长沙、沙冈）、13个镇（月山、水口、赤水、金鸡、蚬冈、百合、赤坎、塘口、大沙、马冈、龙胜、苍城、沙塘）。2005年7月28日，撤销沙冈街道办事处，

并入水口镇。

（资料来源：《开平县志》。）

阅读以上资料，回答以下问题：
1. 开平的地名最早出现在（   ）年，当时称（   ）。
2. 开平是（   ）年立县的，距今年已有（   ）年。
3. （   ）年（   ）月（   ）日，撤销开平县，设立开平市。

二、位置

开平市隶属广东省江门市，地处五邑侨乡中部。位于广东省中南部、珠江三角洲西南面，地跨东经112°13′～112°48′，北纬21°56′～22°39′，东北连江门市新会区，正北靠鹤山，东南近台山，西南接恩平，西北邻云浮新兴。

查阅有关资料，回答以下问题：
1. 开平市位于广东省（   ）部、珠江三角洲（   ）面，江门市的（   ）。
2. 江门市区和鹤山市位于江门市的（   ）部，面积约占江门市总面积的（   ）；台山、开平、恩平三市在江门市的（   ）部，三市面积约占江门市总面积的（   ）。
3. 开平市是滨海市吗？（   ）在江门市所管辖的市、区中，临海的市、区有（   ）、（   ）、（   ）。
4. 假如要对台山、开平、恩平三市的区域进行重新规划，你有何建议？
   _____
   _____
5. 简述开平市地理位置的优势和劣势。
   _____
   _____

三、面积

开平市总面积1659平方公里。

第二节 行政区划

开平市辖月山、水口、沙塘、苍城、龙胜、大沙、马冈、塘口、赤坎、百合、蚬冈、金鸡、赤水等13个镇和三埠、长沙2个街道办事处。全市共有269个村庄（社区）、2726条自然村。

东部中心城区	三埠街道	东河社区、新安社区、长沙东社区、长沙西社区、港口社区、祥龙社区、新兴社区、获海社区、中山社区、迳头社区、石海村、勒冲村、南山村、仁亲村、三围村、燕山村、思始村
	长沙街道	楼冈社区、幕沙社区、东兴社区、侨园社区、梁金山社区、冲澄社区、三江社区、海东社区、南岛社区、平冈村、西溪村、东升村、平原村、民强村、爱民村、新民村、杜溪村、西安村、东乐村、幕村、八一村、三联村
东部工业聚集区	水口镇	人民社区、新市社区、东方红社区、振华社区、渔业社区、永安村、泮南村、泮村、黎村、永乐村、唐联村、红花村、后溪村、新风村、龙东村、海燕村、开锋村、宝锋村、联竹村、桥溪村、风采村、寺前村、新屋村、向阳村、开庄村、开新村、冈中村、红进村、金山村、新美村
	月山镇	月山圩社区、水井圩社区、金村、大岗村、勒竹村、横江村、博健村、北一村、北二村、钱岗村、月明村、高阳村、石头村、桥头村、天湖村、金居村、水一村、水二村、水三村、水四村
	沙塘镇	沙塘圩社区、丽新村、泰山村、丽群村、下丽村、塘浪村、西村、健丰村、东方村、联光村、红岭村、台洞村、锦星村、芙冈村、清湖塘村、朗畔村
	苍城镇	苍城圩社区、大罗村、联和村、联兴村、新村、城东村、旺岗村、附城村、下湾村、六合村、楼田村、城西村、潭碧村
北部山地林业及生态农业区	龙胜镇	龙胜圩社区、石桥社区、白村、齐洞村、联塘村、黄村、棠安村、和兴村、棠红村、官渡村、大雄村、梧村、桥新村、现龙村、桥联村、胜桥村、那泪村、西杰村
	大沙镇	大沙圩社区、岗坪村、西湾村、星山村、联山村、新星村、夹水村、群联村、大沙村、五村、大塘村、蕉园村、白沙村、黎雄村、沃富村
	马冈镇	马冈圩社区、公安圩社区、横安村、高元村、上郭村、官堂村、乐善村、大布村、红丰村、龙冈村、大厂村、黄屋村、荣塘村、北湖村、陂头咀村、丽溪村、长间村、联冈村、蒲冈村、牛山村、虎山村、联合村

续上表

西部历史文化及世界遗产保护区	塘口镇	塘口圩社区、四九圩社区、南屏村、以敬村、潭溪村、北义村、仲和村、里村、宅群村、强亚村、三社村、升平村、四九村、卫星村、冈陵村、魁草村、龙和村、水边村
	赤坎镇	赤坎圩社区、渔业社区、五龙村、灵源村、芦阳村、石溪村、红溪村、树溪村、永坚村、中股村、南楼村、塘联村、沙溪村、新建村、两堡村、护龙村、小海村、新联村、五堡村、塘美村、中庙村
	百合镇	百合圩社区、上洞村、中洞村、茅溪村、茅冈村、松朗村、桥上村、齐塘村、北降村、厚山村、马降龙村、儒东村、儒西村、儒北村
南部田园生态农业区	蚬冈镇	蚬冈圩社区、蚬北村、东和村、坎田村、蚬南村、横石村、长乐村、南联村、群星村、风洞村、春山村、春一村
	金鸡镇	金鸡圩社区、石湾村、向北村、游东村、五联村、金鸡村、高镇村、大同村、锦湖村、联庆村、红光村、石迳村
	赤水镇	赤水圩社区、沙洲圩社区、东山圩社区、沙洲村、羊路村、瓦片坑村、冲口村、和安村、涎溪村、塘美村、大津村、步栏村、林屋村、三合村、东山村、长塘村、松南村、高龙村、高山村

（资料来源：开平市人民政府办公室。）

查阅有关资料，回答以下问题：
1. 行政区划是人为划分的，还是自然划分的？
2. 你的籍贯是（　　　　）。
3. 你的出生地是（　　　　）。
4. 你的居住地是（　　　　）。
5. 你之前的学校在（　　　　）。
6. 我们学校的所在地在（　　　　）。
7. "水暖卫浴王国"是指（　　　　）。
8. "小武汉"是指（　　　　）。
9. "中国特色小镇"是指（　　　　）。
10. "碉楼之乡"是指（　　　　）。
11. "美丽乡村"是指（　　　　）。
12. "养鸡专业镇"是指（　　　　）。

第二章 自然资源与环境

第一节 自然环境与自然资源

一、地形地势

开平市地形以平原为主，地势自南北两面向潭江河谷地带倾斜。南部和北部多低山丘陵，东部和中部多丘陵平原。海拔50米以下的平原面积占全市面积的69%，丘陵面积占29%，山地面积占2%。地形多样，有利于发展多种经营。山地可以发展林业，丘陵可以发展种养业，平原可以发展现代农业。

地势自南北两面向潭江河谷地带倾斜，使潭江支流自南北两侧流向潭江主河道，可以为沿岸地区带来源源不断的灌溉水源，有利于发展农业生产；还可以利用上游河段的落差修建水库和发展小水电。

阅读　　　潭江冲积平原的形成

冲积平原是由河流沉积作用形成的平原地貌。河流的中下游水流没有上游急速，河流从上游侵蚀了大量泥沙，到了中下游后因流速不再足以携带泥沙，结果这些泥沙便沉积在下游。尤其当河流发生水浸时，泥沙在河的两岸沉积，冲积平原便逐渐形成。

潭江主流及其支流上游多崇山峻岭，坡陡流急，山林茂密，植被丰富；中游蒲桥至三埠地区，曲流发达，坡度平缓，多冲积沙滩（江心洲有河南洲、羊咩洲、滘堤洲、

公里，流域面积为576平方公里。

白沙水，又名"白沙河""长塘水""赤水河"，为潭江中游右岸支流。发源于开平市境南部山塘顶，自南向北流经赤水镇和台山市白沙镇，是台山市西部与开平市的分界河，在开平市百足山南麓注入潭江。全长49.4公里，流域面积为383平方公里。

新昌水经新海桥汇入潭江

白沙水在百足尾村汇入潭江

潭江主要水库

大沙河水库

大沙河水库位于开平市西北部，处潭江二级支流开平水（又名"大沙河"）上游，北与云浮市新兴县相邻，西与恩平市相邻，库区跨大沙、马冈、龙胜三镇，主坝位于龙胜镇黄村管理区。该水库于1960年建成，是以灌溉、供水为主，结合防洪、发电、养鱼等综合利用的大（二）型水库。目前是开平市主要的饮用水源。

大沙河水库

镇海水库

镇海水库

镇海水库位于开平市北部，属潭江支流镇海水上游，东北与鹤山市双合镇接壤，西北与新兴县水台镇相邻，南面为苍城镇联兴管理区。该水库于1960年2月基本建成。初名"猪姆潭水库"，后改名为"镇海水库"，是以灌溉、供水为主，结合防洪、发电、养鱼等综合利用的大（二）型水库。目前也是开平市主要的饮用水源。

开平地理

狮山水库

狮山水库位于潭江支流白沙水上游，开平市南部的赤水镇。该水库于1960年建成。水库建有坝后电站一座，总装机容量575千瓦，年发电量100万千瓦时。

立新水库

立新水库位于开平市西北部，属潭江支流镇海水、开平水、乌水的上游，北与新兴县水台接壤，南为龙胜镇棠安管理区。该水库于1958年5月竣工，初名"腊迳水库"，后改名为"立新水库"，是以灌溉为主，结合防洪、发电、养鱼等综合利用的中型水库。

花身蚕水库

花身蚕水库位于苍城镇东北部的花身蚕山，在镇海水的东河与镇海水库总干渠东侧，于1977年5月基本建成，是以灌溉、供水为主，兼顾防洪、发电、养鱼等综合利用的中型水库。水库放水灌溉通过600米的渠道入镇海水库总干渠，纳入镇海水库灌区用水管理。

狮山水库

立新水库

花身蚕水库

潭江的开发与利用

潭江水电开发：干流实行梯级开发。流域内已建成大、中、小型塘库1932座，其中，大型水库3座，中型水库17座，控制集水面积1007.5平方公里，总库容16.81亿立方米。

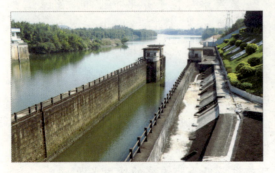

合山水闸航道

合山水电站

交流渡水闸

灌溉农田

干流自锦江水库以下，已建成水沾、恩城、塘洲、东成、江洲、合山等梯级工程，使潭江水资源得到较好的治理和开发。

潭江航运：潭江水运条件亦较好，三埠以下，河宽水深，可通行500吨级客货轮；三埠以上，结合干流梯级工程，10～20吨机帆船可达恩城。

水运

开平市三埠设有港口，有客货轮直通香港、澳门、广州、肇庆、梧州等地，三埠以下可行600吨机动船，为开平、台山、恩平的主要内河航道。

（资料来源：360百科，https://baike.so.com/doc/7754453-8028548.html。）

阅读以上资料，回答以下问题：

1. （　　　）是开平的"母亲河"，发源于广东省阳江市（　　　），流经（　　　）、（　　　）、（　　　）、（　　　）、（　　　）等市、区，于新会（　　　）口入海；在恩平和开平交界处的蒲桥以上称为（　　　），蒲桥以下称为（　　　）。

2. 潭江在开平市境内有多条支流汇入，主要支流有（　　　）、（　　　）、（　　　）、（　　　）、（　　　）、（　　　）、（　　　），其中（　　　）是潭江的最大支流。

3. 开平市在潭江支流上游的水库主要有（　　　）、（　　　）、（　　　）、（　　　）、（　　　）。

4. 为什么潭江在开平段特别多支流？

5. 为什么开平的水库多分布在北部和南部？这些水库起什么作用？

三、气候

开平市地处粤西南沿海丘陵地区，属亚热带季风气候区，季风十分明显，夏季吹偏南风，气候温和湿润，冬季吹偏北风，气候干冷。

年平均气温22.6摄氏度，最冷月为1月，平均气温14.5摄氏度，最热月是7月，平均气温28.8摄氏度，历年极端最高气温39.4摄氏度，历年极端最低气温2.5摄氏度。年平均降雨量1860.6毫米，雨量充沛，但分布不均，其中，4—9月降雨量1550.6毫米，占全年总量的84%。年平均相对湿度78%，最小相对湿度14%。无霜期长，年平均无霜期360天。全年日照1782.9小时。年平均风速1.7米每秒，最多风向为北东风。年平均蒸发量1646.7毫米。年雷暴日数62.3天。（以上资料为1980—2009年30年的气候平均值）

主要灾害有低温阴雨、倒春寒、暴雨洪涝、台风、寒露风、霜冻、干旱、雷暴等，也有龙卷风、冰雹、雷雨大风、高温、灰霾等灾害。

 阅读 开平30年气温、降水量月平均值和月极值直方图

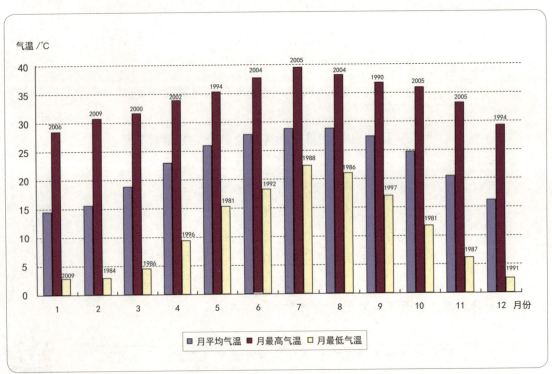

开平30年气温月平均值和月极值直方图

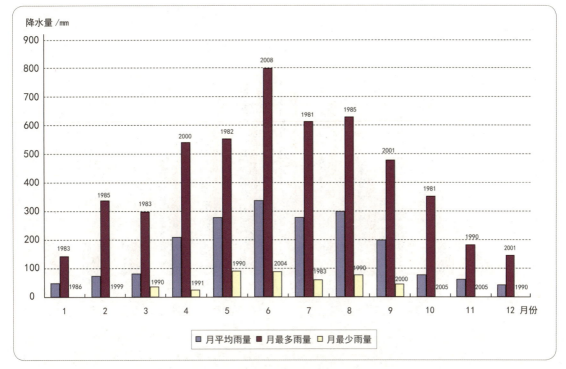

开平30年降水量月平均值和月极值直方图

开平市区和大沙镇的多年逐月平均气温图、降水量图

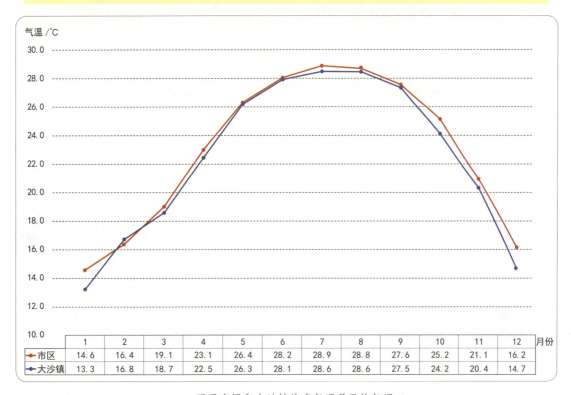

月份	1	2	3	4	5	6	7	8	9	10	11	12
市区	14.6	16.4	19.1	23.1	26.4	28.2	28.9	28.8	27.6	25.2	21.1	16.2
大沙镇	13.3	16.8	18.7	22.5	26.3	28.1	28.6	28.6	27.5	24.2	20.4	14.7

开平市区和大沙镇的多年逐月平均气温

开平地理

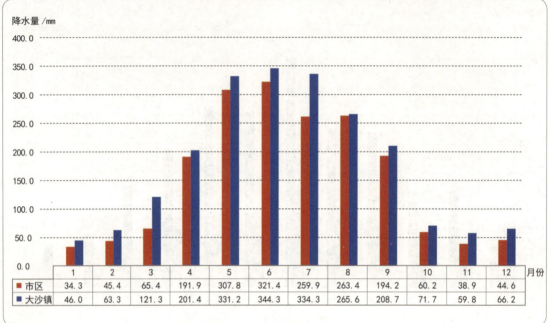

开平市区和大沙镇的多年逐月平均降水量

（资料来源：开平市气象局。）

阅读以上资料，回答以下问题：

1. 夏季，大沙镇的气温较开平市区（　　），主要原因是 ＿＿＿＿＿＿＿＿。
2. 冬季，大沙镇的气温较开平市区（　　），主要原因是 ＿＿＿＿＿＿＿＿。
3. 总体来说，大沙镇的降水量较开平市区（　　），主要原因是 ＿＿＿＿＿＿
   ＿＿＿＿＿＿＿＿＿＿＿＿＿＿＿＿＿＿＿＿＿＿＿＿＿＿＿＿＿＿＿＿＿＿＿＿。
4. 读图说明开平市的气候特征并分析其原因。
   ＿＿＿＿＿＿＿＿＿＿＿＿＿＿＿＿＿＿＿＿＿＿＿＿＿＿＿＿＿＿＿＿＿＿＿＿＿＿
   ＿＿＿＿＿＿＿＿＿＿＿＿＿＿＿＿＿＿＿＿＿＿＿＿＿＿＿＿＿＿＿＿＿＿＿＿＿＿
   ＿＿＿＿＿＿＿＿＿＿＿＿＿＿＿＿＿＿＿＿＿＿＿＿＿＿＿＿＿＿＿＿＿＿＿＿＿＿

活 动

 阅 读 《广东省台风暴雨极端天气学校停课安排指引》摘录

广东省各地级以上市、县（区、市）气象部门发布台风黄色、橙色、红色预警信号和暴雨红色预警信号（以下统称为"台风暴雨预警信号"）时，对应区域内所有托儿所、幼儿园、中小学校、中等职业学校停课。

1、台风黄色、橙色、红色预警信号图标

2、暴雨红色预警信号图标

（资料来源：开平市气象局。）

阅读以上资料，回答以下问题：

1. 当气象部门或教育部门宣布学校停课，所有学生必须立即回家。对吗？

2. 因恶劣天气或因天气导致的交通状况以致学生无法到校或迟到，学生应受到处分。对吗？

3. 学校必须遵守《广东省台风暴雨极端天气学校停课安排指引》，家长和学生可以不遵守。对吗？

4. 制定《广东省台风暴雨极端天气学校停课安排指引》的目的是什么？

四、丰富的自然资源

由于开平市境内属于亚热带季风气候，适合于亚热带植物的生长，因而植物资源丰富、品种繁多。全市共有植物315种，其中，裸子植物门有7科26种；被子植物门的双子叶植物纲有51科256种，单子叶植物纲有3科33种。

开平市矿物资源丰富，有铁、锰、铜、锡、金、铀、独居石、锂云母、煤、耐火石、钾长石等33种。另外，地处潭江和苍江流域的开平，水资源相当丰富，水陆运输也较为方便。

大沙植被

梁金山自然保护区

大沙山水

康桥温泉

第二节　环境保护与可持续发展

一、环境形势严峻

（一）耕地逐年减少

同珠江三角洲的其他地区一样，随着城市化进程的不断推进，开平市耕地出现逐年减少的趋势。近年来，开平市耕地面积减少的速度虽然低于江门市减少的速度，但也高于广东省的平均水平。为此，减少建设占用耕地，保护基本农田，是必须坚持的基本国策。

（二）水资源受到破坏

近年来，由于过度的开发和不合理的利用，开平潭江流域的水资源受到严重的破坏。

（三）森林资源遭过度开发破坏

近年来，受经济利益驱动，部分林地被大面积连片"炼山"后改种速生的桉树，破坏了原生植被，破坏了生物多样性结构，使局部地区水热循环失调，小气

候条件改变,水旱灾害可能加剧;商品林增加,"炼山"加上低质林面积大,这种叠加影响作用,导致森林群落发生逆行演替,生态防护功能降低,其影响将是长远的。

(四)环境污染严重

影响全市环境质量的原因还包括工业和生活废水致水体污染,暴雨致山洪倾泻,工业和生活废气致大气污染,不合理施用农药和化肥致土壤退化,城市及乡村垃圾处理不及时致环境污染,机动车尾气及燃放烟花爆竹致城市空气污染等。

 阅读 因工厂直排污染水源,广东开平5万人断水5天(摘录)

位于开平市赤坎镇的赤坎水厂旁一家企业直接排放黑乎乎的污水,引起连锁反应。水厂因水质原因从1月7日起被迫停止抽水,导致赤坎、百合、蚬冈、塘口四镇约5万人断水。连日来,有关部门调派6辆洒水车从开平市区运自来水前来救急,居民排起长龙取水,日子相当难熬。

断水事件引起当地政府的重视,开平市领导率领环保、卫生、防疫等部门前往处理,勒令排污企业堵塞排污口,并认真解决污染问题。昨天,经过卫生、防疫部门检测,赤坎水厂全面恢复正常供水。

(资料来源:网易新闻,2008-01-12,http://news.163.com/08/0112/08/420B2MF9000120GU.html。)

开平市镇海水库污染情况(摘录)

2003年1月,广东省环保厅以《关于批准开平市建制镇集中式生活饮用水源保护区划分方案的函》,将镇海水库所有水域划定为饮用水源一级保护区,水质保护目标为Ⅱ类,陆域保护范围在水库正常水位线向陆域纵深200米的集雨区陆域范围。

近年来,镇海水库库区保护范围内大面积种植速生桉树、拦湾挖筑鱼塘、大量养殖禽畜、过度开发旅游业等不合理资源开发现象频发,造成库区水污染及生态环境恶化,富营养化问题日益严重。

根据初步分析,造成镇海水库污染的原因有很多,但植被遭到破坏和禽畜养殖场污水排放的污染是两大原因。

(资料来源:互动百科,http://www.baike.com/wiki/%25E5%25BC%2580%25E5%25B9%25B3%25E5%25B8%2582%25E9%2595%2587%25E6%25B5%25B7%25E6%25B0%25B4%25E5%25BA%2593。)

开平地理

阅读以上资料，回答以下问题：
1. 造成赤坎水厂停止供水 5 天的原因是什么？这个责任该由谁来负？
2. 镇海水库陆域保护范围在水库正常水位线向陆域纵深（　　　）米的集雨区陆域范围。
3. 造成镇海水库污染的两大主要原因是（　　　）和（　　　）。

活 动

二、协调人地关系，建设和谐开平

（一）合理利用土地，保护耕地红线

全国土地利用总体规划纲要（2006—2020 年）调整方案明确规定："按照坚守 18 亿亩耕地保护红线，确保实有耕地数量稳定、质量不下降的要求，到 2020 年，全国耕地保有量为 18.65 亿亩。" 因此，面对开平市耕地逐渐减少的严峻形势，要完善耕地保护政策和机制，健全土地节约集约利用机制，加大生态保护力度，合理利用土地，保护耕地红线。

 阅 读 《关于完善农村土地所有权承包权经营权分置办法的意见》（摘录）

据新华社北京 2016 年 10 月 30 日电：近日，中共中央办公厅、国务院办公厅印发了《关于完善农村土地所有权承包权经营权分置办法的意见》，并发出通知，要求各地区各部门结合实际认真贯彻落实。

完善"三权分置"办法，不断探索农村土地集体所有制的有效实现形式，落实集体所有权，稳定农户承包权，放活土地经营权，充分发挥"三权"的各自功能和整体效用，形成层次分明、结构合理、平等保护的格局。

（资料来源：新华网，http://news.xinhuanet.com/fortune/2016-10/30/c_1119815168.htm。）

阅读以上资料，回答以下问题：
1. 农村土地"三权"指的是：（　　　）、（　　　）、（　　　）。
2. "三权分置"就是要落实（　　　）、稳定（　　　）、放活（　　　）。
3. 完善农村土地所有权承包权经营权分置办法有何意义？请举例说明之。

活 动

（二）落实"河长制"，保护潭江水资源

"河长制"，即由各级党政主要负责人担任"河长"，负责辖区内河流的污染治理。"河长制"是从河流水质改善领导督办制、环保问责制所衍生出来的水污染治理制度，目的是为了保证河流在较长时期内保持河清水洁、岸绿鱼游的良好生态环境。通过"河长制"，让本来无人愿管、被肆意污染的河流，变成悬在"河长"们头上的"达摩克利斯之剑"，在中国"水危机"严峻的当下，着实是一个催生河清水绿的可行制度。"河长制"由江苏省无锡市首创。

2016年12月11日，中共中央办公厅、国务院办公厅印发的《关于全面推行河长制的意见》公布。意见指出，全面推行"河长制"是落实绿色发展理念、推进生态文明建设的内在要求，是解决中国复杂水问题、维护河湖健康生命的有效举措，是完善水治理体系、保障国家水安全的制度创新。意见要求，地方各级党委和政府要强化考核问责，根据不同河湖存在的主要问题，实行差异化绩效评价考核，将领导干部自然资源资产离任审计结果及整改情况作为考核的重要参考。

《江门市潭江流域水质保护条例》（摘录）
（自2016年12月1日起施行）

第十二条　流域水质保护实行河（段）长责任制。县级和镇人民政府、街道办事处主要负责人担任本行政区域内潭江干流、支流水质保护的第一责任人。河（段）长名单由市人民政府环境保护主管部门向社会公开。

市人民政府环境保护主管部门应当监测河（段）断面水质，向社会公开河（段）长责任目标完成情况；可以对未完成水质保护目标要求的河（段）长进行约谈，督促其整改。

第二十九条　流域内县级以上人民政府应当依法划定畜禽养殖禁养区和限养区，并向社会公布。禁养区内不得从事畜禽养殖业，已有的畜禽养殖场所应当限期关闭或者搬迁，并依法予以适当补偿。限养区内不得新建、扩建养殖场或者养殖小区；改建养殖场或者养殖小区的，必须削减污染物排放量。

畜禽养殖场和养殖小区应当依法做好污染防治工作，实施雨污分流，配套建设污染防治设施，粪便污水贮存、处理和综合利用设施，并保证正常运转。养殖场和养殖小区产生的废弃物应当进行无害化处理，排放污染物必须符合国家和省规定的排放标准。

（资料来源：中国·江门，http://www.jiangmen.gov.cn/zwgk/tzgg/201610/t20161002_635724.html。）

开平地理

从2016年7月起，潭江流域"河长制"实施最严追责机制

为加强潭江流域环境整治工作，去年7月，江门市对潭江流域的环境整治实施了"河长制"，并印发了《江门市潭江流域河长责任制实施方案（试行）》（以下简称《方案》），在潭江干流和15条支流设置18个跨市（区）河长考核断面、31个跨镇（街）段长考核断面，由区域内行政首长担任河（段）长，负责组织制定本行政区域内河流整治方案和分解落实整治任务。"河长制"实施以来，江门市环保局每月对潭江流域河长考核断面、段长考核断面开展水质监测，并将监测结果进行公开通报。

根据《方案》，从"河长制"实施的第二年起（即从2016年7月起），对未能达到水环境功能区划水质目标要求的河流和断面进行排名，并根据排名情况实施相应奖惩。其中，河长是根据每年度水质监测结果和排名进行考核，年度排名最后两位的河长，由市政府分别对其进行诚勉谈话和预警提示；市政府诚勉谈话后第二年仍排名倒数第一或连续三年排名倒数第二及更严重者，实行"一票否决"。段长则是每季度进行考核，一年内有一个季度排名后三位的段长，发出预警提示；对一年内有两个季度排名后三位的段长，予以通报批评，并由河长对其进行诚勉谈话；对一年内有三个季度排名后三位的段长，实行"一票否决"。

（资料来源：广东省环境保护厅公众网，http://www.gdep.gov.cn/zwxx_1/hbxx/201608/t20160825_214650.html。）

河长制实施满一年　鹤山开平台山收预警（摘录）

水质恶化，河长、段长收到预警提示！

近日，江门市潭江流域水环境综合整治领导小组办公室通报称，江门市河长制实施已满一年，现在正式开始排名考核，并对第一季度排名后三位的相关段长所在政府发出预警。

通报显示，2016年7月至9月，潭江流域18个河长考核断面中，劣Ⅴ类水质断面占55.6%，水环境保护形势严峻。11个断面水质与去年同期相比有所改善。

其中，水质改善程度较高的前三位是恩平市公仔河、新会区民族河（新会段）、江海区北头咀支渠。水质恶化程度较高的是鹤山市址山河、开平市新桥水、台山市公益水。其中，鹤山市"址山河朝龙村"断面水质综合指数比2015年第三季度上升81.10%（数值越大则恶化程度越大），在断面考核中排名倒数第一，水质恶化最为突出。

据通报，2016年7月至九月，潭江流域31个段长考核断面中，劣Ⅴ类水质断面

第二章 自然资源与环境

占64.5%，断面水质污染问题突出。

按照水质变化情况分析，19个断面水质与去年同期相比有改善，其中，水质改善程度较高的前三位是恩平市公仔河恩城段、台山市公益水水步段、台山市台城河三合段。12个断面水质与去年同期相比恶化，水质恶化程度较高的是鹤山市址山河址山段、开平市新桥水水口段、台山市公益水大江段。

（资料来源：南方网江门新闻，2016-11-5，http://jm.southcn.com/content/2016-11/15/content_159723085.htm。）

阅读以上资料，回答以下问题：

1. "河长制"是由（　　　）省（　　　）市首创的。是指由各级政府（　　　）担任"河长"，负责辖区内河流的污染治理。

2. （　　　）年（　　　）月（　　　）日，中共中央办公厅、国务院办公厅印发的《关于全面推行河长制的意见》公布。

3. 为了保护和改善潭江流域水质，防治水污染，促进经济社会可持续发展，江门市于2016年8月29日第十四届人民代表大会常务委员会第三十九次会议通过《江门市潭江流域水质保护条例》，该条例明确指出：潭江"流域水质保护实行（　　　）责任制"。河（段）长名单由市人民政府（　　　）向社会公开。

4. "河长制"实施一年后，江门市环境保护局按照水质变化情况分析：12个断面水质与去年同期相比恶化，水质恶化程度较高的是鹤山市址山河（　　　）段、开平市新桥水（　　　）段、台山市公益水（　　　）段。对以上3条河段的河（段）长进行了预警。

5. 你认为落实"河长制"的关键问题是什么？

6. 《江门市潭江流域水质保护条例》规定："流域内县级以上人民政府应当依法划定畜禽养殖禁养区和限养区，并向社会公布。"你对这一规定有何理解和体会？

7. 为保护潭江流域的水质，有人建议潭江流域实行重点水污染物零排放制度。这个建议可行吗？请说出你的理由。

8. 开展一次潭江流域水质污染情况的调查考察活动。活动要求：

（1）活动以小组为单位，每小组至少2人。

（2）选定家乡或住所附近潭江及其支流的一段河道为考察对象，向当地民众询问这条河的名字。

(3) 观察所考察河段的水质情况，用好、中、差进行定性评价。
(4) 找出这条河段的主要污染源。
(5) 分析造成这条河水质污染的主要原因，并提出治理和保护的主要措施。
(6) 写一篇800字左右，题为《关于××河段水质情况的调查报告》，于第十六周提交，作为期末课程考核的主要依据。

注意：活动过程中要落实安全措施，野外活动要结伴而行，须有家长陪同。

（三）创建"国家森林城市"，保护森林资源

2015年7月，根据《江门市创建"国家森林城市"工作方案》，开平市启动创建"国家森林城市"工作。目前，开平市在抓好梁金山、狮山、赤坎百足山等自然保护区建设的同时，正在积极做好广东孔雀湖国家湿地公园、广东金山森林公园、潜龙湾森林公园、大沙榄坑森林公园等项目的创建工作，保护森林资源，全面优化开平市生态环境。

阅读：国家湿地公园——广东开平孔雀湖

开平孔雀湖风光（1）

广东开平孔雀湖湿地公园位于开平市大沙河水库内，该水库是全市最大水库，也是江门地区第三大水库，占地总面积相当于5个杭州西湖，拥有152个岛屿，享有"孔雀湖"的美誉，拟建的湿地公园因此得名。其不仅拥有亮丽的湖色景致，更具有灌溉、

开平孔雀湖风光（2）

防洪、发电、供水、养殖、造林等多项功能。

近年来，开平市高度重视孔雀湖创建国家湿地公园工作，将该项工作纳入创建"国家森林城市"的重点工作以及市委、市政府重点督办项目，计划把其打造成为具有湿地保护、科普教育、生态观光、文化休闲等多功能于一体的综合型国家级生态湿地公园。通过打造"广东开平孔雀湖"的品牌，努力实现生态效益、社会效益和经济效益的有机统一。

2016年6月15日，广东省林业厅野生动植物保护处调研员管千景等专家一行到开平市开展广东孔雀湖国家湿地公园省级考察评估。经过现场考察评审，"广东孔雀湖国家湿地公园总体规划"通过了省级评审，专家组一致同意孔雀湖申报国家湿地公园，孔雀湖创建国家湿地公园迈出了坚实的一步。2016年12月30日，国家林业局正式发文，批准广东开平孔雀湖国家湿地公园开展试点建设。

（资料来源：中国·江门，2016-06-22，http://www.jiangmen.gov.cn/zwgk/sssqzx/kpzx/201606/t20160622_586291.html；中国林业网，http://www.forestry.gov.cn/main/4572/content-944015.html。）

开平孔雀湖风光（3）

开平孔雀湖风光（4）

开平地理

阅读以上资料，回答以下问题：

1. 孔雀湖是自然湖还是人工湖？（　　　）
2. 孔雀湖是因为该景区有野生孔雀而得名吗？（　　　）
3. 关于孔雀湖湿地公园的保护与开发问题，有人认为："应对湿地资源进行有效的保护，保持公园的原貌，禁止开发，禁止游客入园参观，让其自然恢复。"也有人认为："应加大对孔雀湖的开发力度，引进大型旅游项目，增设旅游景点，吸引大量游客前来观光，增加旅游收入。"你以为呢？请说出你的观点并说明理由。

_____

4. 国家林业局正式发文批准广东开平孔雀湖国家湿地公园开展试点工作，是否意味着开平市创建孔雀湖国家湿地公园已告一段落？还有哪些工作需要继续？

_____

活 动

（四）节能降耗，保护环境

加强环境保护，做好节能减排是贯彻落实科学发展观、构建社会主义和谐社会的重大举措，是建设资源节约型、生态文明型新开平的必然选择。

开平市推进节能减排工作　确保完成今年目标任务（摘录）

开平台记者报道：7月1日下午，广东省召开节能减排工作电视电话会议，总结"十二五"以来节能减排工作，部署"十三五"时期及今年的节能减排工作。

全省会议结束后，开平市接着召开贯彻会议。贯彻会议通报了开平市"十二五"时期的节能减排工作。"十二五"期间，开平市单位GDP能耗累计下降20.13%，超额完成江门市下达的节能任务。

开平市顺利完成"十二五"污染减排任务。大气环境质量得到有效改善，$PM_{2.5}$浓度较上年下降31%；积极推行"河长制"，落实潭江河整治工作；推行电镀废水的分类处理，严格要求企业达标排放；抓好农村生活污水、生活垃圾综合整治工程的实施，完善农村环保工作长效机制。

（资料来源：开平广播电视台新闻中心，2016-07-04，http://www.kp956.com/bencandy-43-23191-1.htm。）

第三章 人口与城市

第一节 人口的增长与迁移

一、人口与民族

 **阅读**　　　　　开平人口

人口统计通常有常住人口、户籍人口、外来人口和暂住人口等主要指标。

常住人口是指实际经常居住在某地区一定时间（半年以上）的人口。按人口普查和抽样调查规定，主要包括：除离开本地半年以上（不包括在国外工作或学习的人）的全部常住本地的户籍人口；户口在外地，但在本地居住半年以上者，或离开户口地半年以上而调查时在本地居住的人口；调查时居住在本地，但在任何地方都没有登记常住户口，如手持户口迁移证、出生证、退伍证、劳改劳教解除证等尚未办理常住户口的人，即所谓"口袋户口"的人。

户籍人口是指公民依照《中华人民共和国户口登记条例》，已在其经常居住地的公安户籍管理机关登记了常住户口的人。这类人口不管其是否外出，也不管外出时间长短，只要在某地注册有常住户口，则为该地区的户籍人口。户籍人口数一般是通过公安部门的经常性统计月报或年报取得的。在观察某地人口的历史沿革及变动过程时，通常采用这类数据。

2010年《开平市第六次人口普查主要数据公报》显示，至2010年年末，开平市常住人口69.92万人，同2000年第五次全国人口普查相比，10年共增加3.03万人，增长4.53%，年平均增长率为0.44%，居住在城镇的人口为37.1万人，占常住人口的53.06%。同年，全国城镇化水平为49.68%，广东全省城镇化水平为66.18%，人

开平地理

口城镇化水平与地区的经济发展水平有较强的正相关。而开平市的城镇化水平只为53.06%，略高于全国平均水平，但与全省平均水平的差距还很大，说明开平市仍属于经济欠发达地区。要驶入经济发展的快车道，仍须扬鞭奋蹄。

《开平市2010年国民经济和社会发展统计公报》显示，2010年年末，开平市公安户籍人口68.76万人，非农业人口24.13万人，占总人口的35.09%。全年出生人口7169人，出生率为10.43‰。死亡人口6219人，死亡率9.05‰。全市净增人口950人，自然增长率1.38‰，比上年下降1.48‰。①

《江门市2015年全国1%人口抽样调查主要数据公报》显示，2015年年末，开平市常住人口70.72万人，城镇人口比重为55.69%，人口城镇化水平有所提高。

《开平市2015年国民经济和社会发展统计公报》显示，2015年年末，开平市公安户籍人口68.26万人，非农业人口18.69万人，占总人口的27.38%。全年出生人口0.86万人，出生率为12.55‰。死亡人口0.51万人，死亡率7.41‰。人口自然增长率5.13‰，比上年上升2.56‰。

（资料来源：《开平年鉴》。）

近20年，开平市人口增长率呈下降趋势。分析其原因主要有两方面：一是移居港澳台以及国外的人逐年增多；二是在控制人口增长方面取得成效。随着计划生育政策的调整，人口出生率、自然增长率下降的趋势将有所缓解。

 阅读 开平市2001—2015年公安户籍人口情况统计

年度/年	户籍总人口/万人	非农业人口/万人	非农业人口占比/%	出生率/‰	死亡率/‰	自然增长率/‰
2001	67.78	19.61	28.94	10.39	5.91	4.48
2002	67.94	28.19	41.50	10.22	5.84	4.39
2003	67.93	28.23	41.65	8.81	6.02	2.79
2004	68.11	28.39	41.69	9.18	8.09	1.09
2005	67.99	25.03	36.82	8.16	6.04	2.12
2006	68.04	24.71	36.32	12.40	6.55	5.85
2007	68.31	24.61	36.02	10.28	7.71	2.56
2008	68.51	24.49	35.74	10.06	8.08	1.97
2009	68.72	24.26	35.30	10.01	7.15	2.86

①人口的出生率、死亡率、自然增长率通常用千分率表示。

续上表

年度/年	户籍总人口/万人	非农业人口/万人	非农业人口占比/%	出生率/‰	死亡率/‰	自然增长率/‰
2010	68.76	24.13	35.09	10.43	9.05	1.38
2011	69.05	23.99	34.75	11.24	7.33	3.91
2012	68.32	23.55	34.47	9.94	12.21	-2.27
2013	68.47	23.28	33.99	10.77	7.16	3.61
2014	68.52	23.18	33.83	9.95	7.38	2.57
2015	68.26	18.69	27.38	12.55	7.41	5.13

（资料来源：《开平市2001—2015国民经济和社会发展统计公报》。）

开平市人口民族构成以汉族为主，占全市总人口的98.18%（2000年人口普查数据），其余为蒙古族、回族、藏族、苗族、布依族、满族、瑶族、土家族、黎族、高山族。

开平市是全国著名侨乡。港澳台乡亲以及旅居海外的华人、华侨约75万人，分布在世界上67个国家和地区。多年来，广大旅居海外乡亲热心支持家乡建设，兴办教育、卫生、文化、慈善和福利等公益事业，为家乡建设和经济发展做出巨大贡献。

阅读　开平开放大学——华侨捐资办学的典范

学校校容

开平开放大学（原开平市广播电视大学）创办于1980年，是国家开放大学的县级基层单位。建校以来，开平开放大学曾三迁校址，现校址位于开平市三埠区新涇路，是由时任香港恒生银行董事长利国伟爵士捐赠人民币1200万元，政府拨地

开平地理

100 亩[①]，于 1997 年兴建落成的。新校舍的落成，树立了开平开放大学建设史上新的里程碑，创造了开放大学系统中由一位华侨独资捐建一所县级开放大学的奇迹，是开平华侨捐资办学的典范。

开平开放大学校园美丽幽静，办学成绩显著，1997 年 11 月，被广东省原高等教育厅评为广东广播电视大学"示范学校"；2009 年 10 月，被中央电视大学评为全国示范性基层电大；2014 年 6 月，被广东省成人教育协会评为广东省成人教育先进集体。

（资料来源：开平开放大学。）

课间活动

开平方言

开平方言大体可分为 3 个片区：东北部的月山镇，属于客家话方言区；西北部大沙、龙胜等地因靠近云浮市新兴县，属于粤语方言区；其余地区基本上属于粤语方言四邑的一种次方言区。除月山镇外，其余两个片的方言由于地域不同、姓氏不同，在语音上也有差别，但基本上能沟通。沿潭江北岸，从东到西，分别有泮村话、沙冈话、长沙话、赤坎话、蚬冈话；从三埠向西北方向，则有沙塘话、苍城话、马冈话、张桥话等，随后联结大沙、龙胜等粤语方言区。而潭江南岸的新昌、荻海则讲台山话，金鸡讲蚬冈话，赤水接近赤坎话。由于赤坎镇位于开平市中部，研究开平方言的人士均以赤坎话为开平方言的代表。随着改革开放的深入，全国各地人口不断迁移，也有不少外地人口迁入开平，普通话也越来越普及。

（资料来源：《开平县志》。）

阅读以上资料，回答以下问题：

1. 2010 年开平市常住人口（　　　）万人，2015 年开平市常住人口（　　　）万人，5 年间增加了（　　　）万人。常住人口增加的主要原因是什么？

2. 2010 年开平市公安户籍人口（　　　）万人，2015 年开平市公安户籍人口（　　　）万人，5 年间减少了（　　　）万人。公安户籍人口减少的主要原因是什么？

3. 2001 年开平市公安户籍人口（　　　）万人，2002 年开平市公安户籍人

[①] 1 亩 ≈ 666.7 平方米。

口（　　　　）万人，比 2001 年增加了（　　　　）万人。这个变化说明什么问题？
_____

4. 2014 年开平市公安户籍人口（　　　　）万人，2015 年开平市公安户籍人口（　　　　）万人，比 2014 年减少了（　　　　）万人。这个变化说明什么问题？
_____

5. 2012 年，开平市人口自然增长率为（　　　　），这个数字说明什么问题？
_____

6. 你是农业人口还是非农业人口？你觉得户口性质重要吗？
_____

7. 你对国家现在实行的"二孩"政策有何理解和体会？
_____

8. 开平方言以（　　　　）话为代表。

9. 开平因什么被称为"侨乡"？当地侨胞为"侨乡"建设做出了哪些贡献？请举例说明之。
_____

二、人口迁移与人口流动

常住人口迁移是指常住带户籍的人口迁移，人口流动是指不发生户口迁移的人口流动，包括迁（流）入和迁（流）出两个方向。

（一）市内迁移和流动

近年来，由于城市化的发展，开平市出现了人口由乡村向城镇迁移和流动的趋势，带旺了城市房地产业的同时，也给城市的管理带来一定的压力。

（二）迁移和流向外地

由于外出经商、务工或升学的原因，一部分人口流向更发达的大中型城市；同时，出于与海外亲属团聚或留学的需要，侨乡开平也产生由本地向港澳迁移或向海外移民。

（三）迁（流）入本市

迁（流）入本市的人口主要是来开平经商或务工的人员，通常被称为"外来人口"。"外来人口"为开平的经济及社会发展做出了重要贡献。由于地缘的原因，开平市与其他经济发达地区仍有一定的差距，企业"用工难"已成为阻碍开平经济发展的一个重要原因。

开平地理

"土客之争"与开平华侨

清朝初期，客家人大量聚集在粤东北的山区，而广府人居住的珠江三角洲（以下简称为"珠三角"）及粤西平原区物产丰富且人口并不密集。于是，在清政府的安排下，部分客家人由梅县、惠州一带迁往珠三角东部的增城、宝安，以及粤西的肇庆、五邑。开平自然成了客家移民的安置地。其中，珠三角东部因为离省城广州近，一切都在官府的控制之下，所以迁往当地的客家人与当地的广府人能够和平相处。香港在开埠以前，也就是几十户客家人的小渔村。这也就是香港的英文名"HONG KONG"的由来，因为当地客家人的粤语发音将"香港"读成"康港"。

但迁往粤西地区的客家人就完全不同了，他们和原居当地的广府人爆发了长时间的暴力冲突。据地方史记载，清朝中后期发生了多次广府人与客家人之间的大规模械斗，往往都是需要政府由广州派军队过去镇压才能平息，史称"土客之争"。"土客之争"持续了几十年，最终以客家人有些重新迁回梅县、惠州一带，有些继续向西迁徙到广东、广西交界处，或流向海外，余下的以通婚等形式彻底融入当地广府人族群而告终。

持续了几十年的械斗也使得开平地区的广府年轻人对留在当地感到厌恶。因此，到了清朝晚期，大量的开平青年宁愿通过"卖猪仔"卖身去美国、加拿大当华工修铁路，也不愿留在当地，开启了清末开平人大规模移民海外的浪潮。大量开平华侨的形成，使得开平人的视野变得国际化和现代化，形成了独具特色的侨乡文化。世界文化遗产——"开平碉楼与村落"就是侨乡文化的杰出代表。

（资料来源：《开平县志》。）

阅读以上资料，回答以下问题：
1. 开平的"土客之争"发生在（　　　）朝，当时的客家人是从（　　　）、（　　　）等地大规模迁移来开平的。
2. "土客之争"有没有赢家？

3. 清末，开平青年移居港澳地区及海外的主要原因是什么？

4. 现阶段，开平人移居港澳地区及海外的主要原因是什么？

5. 你或你的亲友有海外移民的意愿吗？为什么？

第二节　城镇（村庄）的分布与特征

开平城镇居民点多分布在潭江及其支流的两岸，两岸的居民要通过桥梁来联系，因此，开平又常被称为"桥乡"。低山丘陵地区的农村居民点多分布在平原的冲积扇上，有"背山面塘，前低后高"的特点。平原地区的农村居民点多分布在地势较高的地方，多具有"前塘后林，一榕一井"的特点。在进入村庄的路口或村口大多建有牌坊，村名通常为"河清里""锦江里""茶坑村""永宁村"等。牌坊、榕树、水井、水塘、塘基、宗祠、民居、小巷、竹（树）林是构成开平村庄的基本元素。

市中心	三埠是开平市的行政、经济、交通和文化中心，又是江门市的副中心。第三产业及文化事业发达，人口密集。三埠和长沙是开平市中心的2个街道办事处
中心镇	中心镇是开平市城市中心三埠的副中心。水口、苍城、赤坎是开平市的3个中心镇。其中，苍城和赤坎在历史上曾经作为开平的行政中心
镇中心	镇中心是建制镇镇政府所在地，是乡镇的行政、经济、交通、文化中心
圩镇	圩镇是镇中心的副中心，起市集作用，是小范围的商品集散地
圩日	开平当地民众有五日一圩的约定，如"一六"圩(楼冈、金鸡)、"二七"圩(二七、百合、苍城)、"三八"圩(杜岗、月山、马冈、赤坎)、"四九"圩(蚬冈、四九、水井、东山)、"五十"圩(赤水、塘口、水口)。两个相邻的圩，圩期不重复，这样就能让买卖双方都有较多的交易机会

 阅读　　　　开平乡村的牌坊

三门里

锦江里

开平地理

六合大道

护龙

麦边村

庆桥村

楼冈网圩

每年农历八月十一日，是开平市极富地方特色的乡土风俗"楼冈网圩"的圩市日。

开平市地处珠江三角洲西部，河网密布，水上人家众多，渔民众多。这一带被称为"疍家"的水上人家以捕鱼为生，有着独特的水上生活习俗。

一年一度的楼冈网圩一直以来是广东省最大型的网市。据说自明末起，每年农历八月十一日在长沙楼冈圩举办网市交易，相沿至今，从未间断。

网市前夕，邻近县市如顺德、新会、鹤山、新兴、电白、恩平、台山、阳春、阳江等地的渔民或厂商把织造之网陆续运到，以待发售。来自外县外省的客户亦结队而至，通宵露宿，

楼冈网圩交易场内

第三章 人口与城市

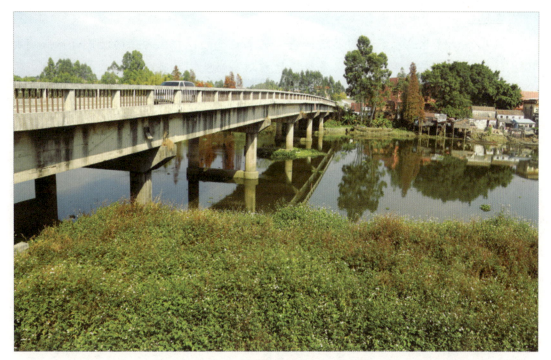

楼冈桥

拥挤达旦。网具摊档五光十色，连绵不断，有大型的网罟缯，有小小的虾笼虾斗，简直是网的世界。平常清静的小镇热闹非常，尤以上午9时至11时买卖达高峰期，拥挤得使人挪一步都感困难。采购者除了本地人之外，还有外县外省的。现在，生产厂家兴起送货上门业务，可把网市成交的货物送到各县各市各省，因而楼冈网圩远近闻名。

楼冈网圩为当地渔民，也为邻近市县渔民提供了一个方便的交易平台。在这里，既可以将自己辛勤织好的渔网或者其他工具进行销售，赚取钱财；又可以物色一张好的渔网，来帮助自己捕到更多的鱼，一举两得。

虽然现在楼冈网圩呈现衰退的状态，但这种墟日早已超越了单纯集市的范畴，成为现今仍得以原汁原味保存下来的开平地方特色民风民俗之一。

300多年的历史变迁，市场经济大潮的冲击和现代商务手段的日新月异，楼冈网圩这种民间自发的传统集市仍能穿透岁月长盛不衰，这本身就已经超越了经济的范畴而成为具有浓郁地方特色的乡土文化。这一盛会每年都吸引

楼冈圩外景

开平地理

了众多摄影爱好者和游客前来观看。

近几年,随着生活水平的不断提高,越来越多的以打鱼为生的渔民开始脱离打鱼生活,加上现在的年轻人绝大多数不愿意从事渔业,打鱼的人越来越少,从而也令楼冈网圩的规模越来越小。

渔网

渔船

渔笼

(资料来源:开平市图书馆,http://www.kplib.com/l_readnews.asp?ClassId=26&InfoId=479。)

阅读以上资料,回答以下问题:

1. 楼冈网圩于每年的( )在( )的( )举行。至今已有( )多年的历史。

2. 楼冈网圩除了售卖渔网外,还有售卖其他渔具吗?如有,请举例说明之。

3. 在楼冈网圩交易的主要是以( )为生的人。

4. 楼冈网圩是否可以像其他圩日一样,改为五日一圩?为什么?

5. 近几年,楼冈网圩有"退潮"的迹象。为繁荣楼冈网圩,你有何好的建议?

6. 历史上,楼冈网圩的兴起与繁荣的主要原因是什么?

第四章　经济与社会

第一节　优质高效的现代农业

开平市耕地面积43.9万亩，常年播种面积超过100万亩。2014年，水稻播种面积62.9万亩，总产21.6万吨，蔬菜播种面积22.6万亩，总产29.7万吨。畜牧业以生猪、家禽为主，生猪年出栏量56.5万头，家禽出栏量4263万只。水产养殖面积12.45万亩，总产4.9万吨。

一、丰富的亚热带作物

开平市地处亚热带季风气候区，季风明显，雨量充足，夏长冬短，无霜期长，气候条件对农业生产十分有利。开平市是一个农业大市，常年农作物播种面积达100万亩，水果面积8万亩。主要农作物有水稻、蔬菜、水果、玉米、花生、薯类、大豆、甘蔗以及花卉、药材等。

马铃薯

辣椒

木瓜

青枣

芭蕉

番石榴

百香果

火龙果

二、发达的养殖业

开平市山地资源丰富，丘陵山地面积占总面积的31%，平原区江河水网纵横交错，地理环境和气候条件十分适合养殖业的发展。改革开放以来，开平市不断深化农业结构调整，大力推广良种良法，积极发展养殖产业化经营，养殖业得到了迅猛发展，涌现出一批养殖专业镇，如马冈镇的养鹅业、金鸡镇的养鸡业、赤水镇的养猪业和水产养殖业，等等，均是远近闻名的养殖业专业镇。

阅读 开平市赤水镇丰润养猪场简介

保育猪（断奶猪）　　育肥猪　　母猪及乳猪　　公猪　　后备猪

开平市赤水镇丰润养猪场位于开平市赤水镇，占地250多亩，成立于2005年6月，现有母猪900头，年出栏生猪约19000头。先后被评为开平市农业龙头企业、

养猪场全景

江门市扶贫龙头企业、佛山科学技术学院产学研基地、佛山市禅城区生猪定点供应基地、佛山市南海区生猪定点供应基地等，出栏生猪荣获"无公害产品"称号。

该养猪场选址远离村庄，周围没有其他养殖场，地势高，水源充足，方圆5公里范围内无采石场、化工厂等工业污染源，空气、土壤、水源经广东省权威监测机构测试，各项指标均达到无公害农产品生产环境要求。

该养猪场现有员工42人，其中研究生1人，本科学历5人，大专学历8人，从事生猪养殖5年以上经验的有36人，持有兽医职业资格证3人。

该养猪场与佛山高明谷维饲料生物科技有限公司合作，长期对饲料进行检测和跟踪，不断降低饲料成本及饲养全期的生产成本，提高产品质量和新产品开发力度，为猪群的稳定生长提供很好的保障。该养猪场还聘请佛山科学技术学院副教授白挨泉为技术顾问，长期指导猪场的防疫保健工作。

2008年，该养猪场与福建福州北环环保技术开发有限公司合作，引进目前国内最先进的新型三段式红泥塑料污水处理沼气系统，产出沼气用来发电、猪舍保温和日常生活用电。污水经过该系统的固液分离—厌氧发酵—沉淀—植物吸收后再综合利用来养鱼、种菜，是一种值得推广的生态养殖模式。

（资料来源：丰润养猪场。）

查阅有关资料，回答以下问题：

1. 你觉得对养猪场的环境条件有什么要求？非工作人员可以随便进入养猪场参观或采访吗？为什么？

2. 有人认为："为保证小猪的健康生长，应该让小猪自然断奶。"这种观点对吗？为什么？

3. 如何做到科学养殖？请谈谈你的观点。

三、现代农业示范区

裕茂农场青枣节

自2010年8月被认定为全国首批国家现代农业示范区以来,开平市全力推动现代农业发展,打造全国先进、全省一流的国家现代农业示范区,实现农业增产、农民增收、农村稳定的"三赢"局面,先后被评为全国粮食生产先进县、农业部水稻万亩高产创建示范县、广东省水稻高产创建先进单位、广东省水稻育秧插秧机械示范县、广东省农业机械化示范县。近年来,开平市大力抓好农业品牌建设,全市共有"三品一标"认证农产品65个。已建成广东省最具规模的农机综合专业市场,全市农机总动力达37.3万千瓦。至2015年,开平市有农业龙头企业25家,其中,省级农业龙头企业6家,江门市级农业龙头企业11家;发展新型农民专业合作社组织306个。

青枣

裕茂农场

开展一次考察活动:

在你所在的乡镇或附近的乡镇,选择一个现代农业基地(农业企业),开展一次考察活动。活动后写一份800字左右的"××现代农业基地(农业企业)发展现状的调查报告",于第十五周提交。提纲如下:

1. 基本情况。
2. 发展现状。
3. 存在问题。
4. 对策。

活动

开平地理

四、特色品牌崛起

马冈鹅

名扬中外的马冈鹅是马冈镇传统的特产,早在1925年,由开平市马冈镇村民用高明三洲公鹅与阳江母鹅杂交选育而成。产品特点是:属中型肉鹅,结构匀称,肌肉结实有弹性,纤维幼细,皮薄肉嫩,味道鲜美。地域范围为:开平所辖15个街道办事处和乡镇,226个村委会。

马冈鹅在开平深受当地群众欢迎,被列入广东省优良家禽品种,是广东省"四大名鹅"之一。马冈鹅牌肉鹅已获得国家无公害农产品认证。2013年9月10日,马冈鹅由开平市禽业协会申请国家农产品地理标志登记保护,经农业部评审、公示、登记,获颁农产品地理标志登记证书。

国家农产品地理标志登记证书

优之名马冈鹅养殖场

赤坎镇马冈鹅养殖场

苍城镇马冈鹅养殖场

第四章 经济与社会

百合镇散养马冈鹅

家养马冈鹅

鹅城

阅读以上资料，回答以下问题：

1. 你家有饲养马冈鹅吗？
   _____

2. 你有吃过马冈鹅吗？
   _____

3. 在开平什么地方可以吃到马冈鹅？
   _____

4. 马冈鹅是指在马冈镇饲养的家鹅，其他镇饲养的家鹅不能叫"马冈鹅"，对吗？
   _____

5. 关于品牌农产品的推广问题，有人认为："为保证马冈鹅的品质，马冈鹅只能在开平市范围内饲养。"也有人认为："为提高马冈鹅的知名度，增加农民的收入，马冈鹅应该在其他地区推广饲养。"你以为呢？请说出你的观点和理由。
   _____
   _____
   _____

活 动

金山火蒜

　　金山火蒜于清光绪年间首先在水口书厦的青龙里种植，后逐渐流传到寺前、新屋、金山大面积种植。该蒜历史悠久，以蒜衣绛红、肉质瓷白、生辛辣熟甘甜、胶质丰润的特有品质而闻名于海内外，历来为出口创汇产品。市场上出售的金山火蒜属于一种制过的独子蒜，蒜味

41

寺前金山火蒜种植基地

辛辣，收获后蒜头经剥衣修饰，用谷壳、稻草堆火熏烤，致使蒜头的表皮形成棕黑色，俗称"火蒜"。因开平侨乡人有"金山阿伯"之称，故蒜名"金山火蒜"。

金山火蒜产品远销国内外，并在中国港澳以及东南亚、日本等地享负盛名。尤其在中国港澳台地区，产品供不应求。

金山火蒜不仅是家庭烹饪的必备配料，而且其药用价值也很高。近代医书认为，蒜性辛温，能除滞气，暖脾胃，消瘀，解毒除虫。金山火蒜的药用和深加工潜力大，发展前景广阔。

金山村委会

金山火蒜

水口白菜

水口白菜是开平市水口镇著名的传统特优产品，已有300多年历史，其特点是：矮脚，茎肥，菜叶呈匙羹状，茎白，叶色深绿，形似花瓶，叶绿素、维生素含量丰富，清甜爽口。水口白菜是在变异的白菜中通过筛选、提纯，自留种子繁育的。一年四季均可种植，生长周期短，适应性广，抗逆性强，易种易管，产量较高。水口白菜干除内销外，还供应港澳及出口东南亚等地。

城市菜园

水口白菜

潭碧冬瓜

潭碧冬瓜产于开平市苍城镇潭碧村，已有200多年的种植历史。潭碧冬瓜的特点是：外形与众不同，比普通冬瓜矮，是实实在在的"矮冬瓜"，每个重一般只有3公斤左右，耐储藏，久储不失水，不霉烂，肉厚瓤少，肉质坚实，清甜爽脆，口感有些像鱼肚，而且比一般冬瓜更容易吸收汤汁，有消暑解热之功效。潭碧冬瓜历来是市场上的抢手货，每到潭碧冬瓜成熟时节，就有四方客商前来预订，不但畅销广东省及港澳，有时候回乡探亲的华侨还会将它带出国门。潭碧冬瓜耐储藏，可以存放一年时间而不烂。近年来，苍城镇政府和潭碧村委会积极做大"潭碧冬瓜"这个传统品牌，将"潭碧冬瓜"申报为开平市非物质文化遗产，对这个百年品牌进行重点保护和开发。

潭碧村公共服务站

潭碧冬瓜

丰收的喜悦

第二节　先进装备制造业和建筑业

《开平市 2015 年国民经济和社会发展计划执行情况与 2016 年计划草案的报告》显示，2015 年，全市规模以上工业增加值实现 109.26 亿元，同比增长 9.1%。积极实施"珠西战略"，依托翠山湖科技产业园和 4 个镇级工业集中区，全力发展先进装备制造业。全市现有先进装备制造企业 192 家，先进装备制造业规模以上增加值实现 39.33 亿元，同比增长 20.8%，占全市规模以上工业增加值比重 36%。翠山湖科技产业园发展势头日益增强，集聚效应日趋明显，园区进驻企业达 60 家，工业产值超 5 亿元的企业 4 家；规模以上工业企业增加值实现 9.78 亿元。大力推进产业转型和技术改造，华艺卫浴、嘉士利名优烘焙食品、五联人造板等技改增资项目建设顺利。全市重点项目进展良好，亿元以上项目完成投资 27.1 亿元。

建筑业平稳发展。2015 年，建筑企业完成产值 131 亿元，同比增长 9.65 %；全年获广东省建设工程优质奖 4 项，江门市优良样板工程 8 项。

一、先进装备的制造业

在开平市工业发展史上，轻工业一直占主要地位。20 世纪 90 年代，开平市利用制造业迁移的有利条件，通过引进外资、技术和设备，在食品加工业的基础上，加强以纺织业和水龙头生产等制造业的发展。

（一）中国纺织产业基地

2002 年，开平市被国家命名为"中国纺织产业基地"，至 2015 年，全市共有纺织企业 263 家，其中牛仔服装 162 家，年生产规模超百亿元，年产牛仔服装 3310 万件，出口值超过 10 亿元，牛仔布出口量占广东全省的 1/3。形

春晖股份

奔达纺织集团

第四章 经济与社会

富琳纺织制衣

兴时年服装

平丰纺织

慧兴织布

世鼎纺织

裕进纺织

成了从单一服装加工到原料生产、纺纱、织布、整染、服装生产一条龙生产,成为生产规模较大、生产能力较强、集中度较高的全国5个牛仔服装专业生产基地之一。开平市已成功打造出一批叫得响的名牌产品,如春晖牌涤纶长丝、聚酯切片和华士达无纺布均是广东省名牌产品。牛仔布和牛仔服装业也实力不凡。

（二）中国水龙头生产基地

建设中的水口卫浴博览城

地处开平、鹤山、台山、新会交界处的水口镇，占尽了地缘优势，水暖卫浴作为水口镇经济的支柱产业，现已名扬天下。全国水暖卫浴产业，水口镇占了1/3，至2015年，有卫浴企业460多家，从业人员2万多人。2015年，全镇卫浴产业工业总产值11.13亿多元，年销售额达到20亿元，国内市场占有率达到45%，6成以上产品销往中国港澳以及欧美、中东和东南亚地区。

华艺卫浴

华艺、希恩等一批优质品牌逐渐敲开了中国港澳以及欧美、中东和东南亚地区的大门。目前，水口镇已有多个水暖卫浴厂家获得国际标准ISO 9001、ISO 9002质量体系认证，希恩卫浴实业有限公司、华艺卫浴实业有限公司、乔顿卫浴实业有限公司被中国五金制品协会授予"中国水龙头行业十大知名品牌"企业。水口镇被广东省科技厅确认为"广东省专业镇技术创新试点"，同时被命名为"中国水龙头生产基地"。

希恩卫浴

彩洲卫浴

伟强卫浴

国人温控卫浴

二、重新振兴的建筑业

开平市自改革开放以来，因具有良好的发展基础和资源优势，建筑业得到进一步的蓬勃发展，是闻名遐迩的碉楼之乡、建筑之乡。20世纪90年代初，建筑业就成为开平市的支柱产业、优势产业之一。90年代末期，由于建筑企业改革滞后，内部机制不健全，适应不了不断规范的市场经济发展，导致开平市建筑业一度下滑，跌至低谷。

2004年，为了保护侨乡建筑特色，开平市委、市政府提出了"重振开平建筑雄风"的号召，加大对建筑业发展的扶持力度，大力推进建筑业发展方式的转变，使建筑业出现了大变化。近10年来，开平建筑业发展迅速，总产值连年大幅增长，产业结构不断调整，工程质量不断提升，科技创新和技术进步含金量不断加大，社会贡献逐年增加，改革发展业绩十分喜人。

建筑设计院

耀南建筑

金辉华大厦

住房和城乡建设局

瑞丰房地产

二建集团

三建集团

泰和集团

查阅有关资料，回答以下问题：

1. 你对开平市落实"珠西行动"和"东提西进"战略部署，全力发展先进装备制造业有何意见和建议？

2. 你对开平市重新振兴建筑业的举措有何意见和建议？

第三节　水陆发达的交通和便捷的现代通信

　　交通是经济发展的"先行官"和大动脉，在推进现代化建设中具有基础性、全局性、战略性的地位和作用。位于珠江三角洲西部的开平市拥有发达的水陆交通。以长沙街道、三埠街道为中心的公路和水运像纽带一样，紧紧地把开平市与广东其他地区以及全国联结起来，为开平市的发展奠定了坚实的基础。

一、密集的公路网

开平市的公路交通网由佛开（佛山—开平）高速、开阳（开平—阳江）高速和江罗（江门—罗定）高速，国道G325线（广东广州—广西南宁）、稔广线S274（台山开平交界处—台城仁孝桥）、百大线S275（台山开平交界处—温泉圩南侧）、冲恩线S367（台山冲蒌—恩平恩城）以及大量的县乡道组成，基本实现了每个乡村都有公路连接。

义祠客运总站

汽车总站

 阅读　　　　　　江罗高速

江门至罗定高速公路起点位于鹤山市共和镇，与江鹤（江门—鹤山）高速公路相接，经鹤山市，开平市月山镇水井、苍城镇大罗村，云浮市新兴县，罗定市，终点与云岑（广东云浮—广西岑溪）高速相接，全长约144.5公里，开平市境内约11.79公里。采用双向6车道高速公路技术标准，设计时速为120公里，估算总金额为170亿元，开平市境内投资约14亿元。项目于2012年年底开工建设，于2016年年底建成通车。

（资料来源：360百科，https://baike.so.com/doc/1565412-1654775.html。）

江罗高速水井出入口

环城公路

　　开平市环城公路（开平快速干线）分为东线、西线、南线和北线共四段，全长约28公里，估算总投资30亿元，途经长沙街道、三埠街道和水口镇等主城区，按一级公路线形指标设计，设计时速80公里；路面宽48米，目前按双向6车道沥青混凝土路面建设，远景按8车道规划控制。南线段已在2016年春节前开放通车；东环大桥于2016年1月动工，计划于2017年年底通车。

　　开平市快速干线西线段全长5.995公里，起点位于省道S274线杜岗加油站东侧，跨过苍江，与国道G325相交，沿着侨园路向南，跨过镇海水、潭江后向东接入开平快速线南线段，在侨园路和祥龙岛设置互通立交，终点为S274线与开平快速干线南线段相接处。西环大桥项目主要包括西环大桥主桥、引桥，侨园立交，祥龙立交及桥头引道路基等工程，主线全长2.27公里，目前，项目进展顺利，项目施工正处于高峰期，正在施工的有桩基、承台系梁、墩柱、盖梁、悬浇梁、预制梁等分项工程。预计2018年上半年竣工。

南环公路

东环大桥施工现场

西环大桥南段施工现场

西环大桥北段施工现场

（资料来源：开平市园林局，http://yuanlinju.kaiping.gov.cn/CH/lh.asp?ID=569。）

二、繁忙的水运

　　开平市境内河流众多，潭江、苍江、新昌水在三埠汇合，穿流而过，水深河宽，历来是重要商埠和货物集散地，今天，河运配合陆路运输，仍然发挥着重要的作用。

目前，开平主要的港口码头有三埠港和水口码头。三埠港被列为国家一级口岸，客、货轮可直抵香港、广州等沿海各地。

水口码头

三埠港码头

三、建设中的铁路

随着社会经济的发展，现有的高速公路、国道、省道、县乡道以及水运道已不能满足开平市发展的需求，除了在建的中开（中山—开平）高速、鹤开（鹤山—开平）高速、环城公路以及国道G325线开平市区改线外，深茂（深圳—茂名）铁路也在建设中，在不久的将来，将改变开平无铁路线的历史。

 阅　读　　　　　　　深茂铁路

深茂铁路东起深圳北，途经深圳、东莞、广州（南沙）、中山、江门、阳江、茂名等7个市，终点为茂名东站，全长390公里，按双线、时速200公里（预留时速250公里的条件）规划设计，途经开平市三埠、赤坎、百合、蚬冈、金鸡等街道（镇），在开平市境内里程约25公里。工程计划建设工期为4年，开平市路段已于2014年11月动工，计划于2017年年底完工。

深茂铁路在江门境内设江门南、双水、台山、开平、恩平、大槐6个站点，开平站设在三埠街道燕山村，是一个客货两用的站场。

深茂铁路蚬冈段

深茂铁路燕山段

（资料来源：360百科，https://baike.so.com/doc/7524719-7798812.html?from=2913176&redirect=merge。）

> 查阅有关资料，回答以下问题：
>
> 1. 你认识的或走过的开平市的主要公路有哪些？你对开平市交通建设有何意见和建议？
>
> _____
>
> 2. 你有坐过火车吗？深茂铁路建成后你有打算坐火车去哪儿旅游吗？请设计一条旅行路线。
>
> _____
>
> _____

四、便捷的现代通信

随着社会经济的发展与通信技术设备的日益完善，开平市的现代通信越来越便捷。从之前以邮寄信件联系的时代，发展到多以固定电话联系，到现在大部分以移动电话和通过互联网随时随地联系，现代通信的发展可谓日新月异。

中国电信

中国移动

邮政速递物流

中国邮政

查阅有关资料，回答以下问题：

1. 你家有几口人？有多少部电话（包括固定电话和移动电话）？
   _____
2. 固定电话的增长趋势是怎样的？为什么会形成这种趋势？
   _____
   _____

第四节　闻名遐迩的旅游业

开平市是著名的华侨之乡、建筑之乡、艺术之乡、碉楼之乡，也是中国优秀旅游城市、国家园林城市、国家卫生城市。全市现存1833座碉楼，碉楼与周边的村落、稻田、小桥、流水、蓝天、白云相互映衬，构成一道奇特而美丽的景观。2007年6月，"开平碉楼与村落"被联合国教科文组织列入世界文化遗产名录后，开平市已成为闻名遐迩的旅游热点。

开平碉楼文化旅游区位于广东省珠江三角洲西南部，是集华侨文化、园林艺术、中西建筑、文物古迹、原生态自然环境、风土民俗、科普教育等多元素于一体的著名景区，主要由国家4A级旅游景区——立园、全国历史文化名村——自力村碉楼群、被誉为"世界最美的村落"——马降龙古村落三大景区有机组成。

目前，开平市政府正全力做好"开平碉楼5A级旅游景区"和"国家全域旅游示范区"创建工作，以"双创"带动开平市旅游业发展，开启全域旅游新模式。

4A级旅游景区——立园

立园是国家4A级旅游景区，是旅美华侨谢维立先生始建于20世纪初的花园别墅。立园以《红楼梦》中描绘的大观园为参照，巧妙地将古典

开平地理

园林韵味与欧美当代流行的别墅建筑特色有机结合，融会贯通，呈现出一种独特的建筑艺术之美，在中国华侨私人建造的园林中堪称一流。

立园入口

运河

乐天楼

泮文楼

毓培别墅

本立道生牌楼

石牌坊

花藤亭

跨虹桥晚香亭与观澜亭

鸟巢

阅 读　　　　　　　　**泮立楼**

　　泮立楼建于1926年，是立园园主谢维立与其父圣泮之名联珠而成，从楼名就充分体现出园主不忘父恩的孝心。楼高三层半，其外部黄墙绿瓦，飞檐斗拱，别具中国殿堂古风；欧美式的窗户和古罗马式的支柱，又充满着西洋情调；室内装饰和家用设施令人神往，鲜艳耀眼的意大利水磨石地板、东洋式精美天花、欧美式取暖壁炉、吊式煤油灯、纯银西洋餐具以及洗手间的浴缸、马桶、水箱等卫浴设施均由外国引入，其时国内难得一见；而以中国古代人物故事"刘备三顾茅庐"为题材的岭南传统灰塑和以古代故事"六国大封相"为题材的潮州涂金樟木雕造工精湛，形象逼真，更是令人叹为观止。

泮立楼

（资料来源：开平市旅游局。）

阅读以上资料，回答以下问题：
1. 立园因何得名"立园"呢？
2. 立园是由什么样的艺术风格相融合而成？
3. 请你数一数开平著名的旅游景区还有哪些。

活动

"最美村落"——马降龙村落

　　马降龙村落被联合国专家称为世界最美的村落，是人与自然和谐共处的典范，全国重点文物保护单位，并荣获中国最值得外国人去的50个地方金奖。2016年，被住房和城乡建设部列入第四批中国传统村落名录中。
　　该村有13座造型别致、保存完好的碉楼掩映在茂密的翠竹丛中，与周围民居、自然环境融为一体，登高远眺或近观，翠竹绿浪丛中惊现古城堡，有如海市蜃楼，疑为天上人间。

马降龙村口

马降龙古村落

永安里

绿林

林荫小道

翠竹园中的惠安楼

信庐

百足天下

 **百合镇马降龙村入选中国传统村落名录，是开平第二个国家级传统村落**

江门日报讯（记者 梁佳欣）近日，住房和城乡建设部公布第四批中国传统村落名录，开平市百合镇马降龙村位列其中，成为继塘口镇自力村后，开平第二个国家级传统村落。

据了解，在这批中国传统村落名录中，广东省共有34条村入选。其中，江门地区有3条村在列，分别是台山市斗山镇浮月村、开平市百合镇马降龙村、鹤山市鹤城镇田心村。

开平市旅游部门相关负责人表示，此次马降龙村入选中国传统村落名录，将有利于开平加强传统村落保护，改善人居环境，实现传统村落的可持续发展，对开平文化旅游发展意义重大。

（资料来源：南方网江门新闻，2016-12-30，http://jm.southcn.com/content/2016-12/30/content_1627 42548.htm。）

查阅有关资料，回答以下问题：
1. 马降龙村入选中国传统村落名录，对加快开平市旅游业的发展有何重要意义？

2. 请在你的家乡或你的居住地附近考察一座碉楼，并写一篇500字左右的考察报告，于第十八周提交。考察的内容包括：这座碉楼的名字和类型，建于什么时候，主人是谁，为什么要建这座碉楼，以及这座碉楼背后的故事，等等。

3. 有的人认为应该把碉楼交给政府保管和维护，也有些人认为碉楼是私人财产，应该由屋主自己保管维护。你认为呢？

世界文化遗产地——自力村碉楼群

位于塘口镇的自力村碉楼群，自然环境优美，水塘、荷塘、稻田、草地散落其间，与众多的碉楼、居庐相映成趣，形成一幅阳春烟景田园诗意般的农耕水墨画，美不胜收，是独具岭南乡村气息的西洋式城堡村落。

自力村碉楼多建于20世纪二三十年代，是当地侨胞为保护家乡亲人的生命财产安全而兴建的。自力村有15座风格各异、造型精美、内涵丰富的碉楼，是开平碉楼兴盛时期的杰出代表。自力村碉楼群为全国重点文物保护单位，荣获"广东最美的地方、最美的民居""全国历史文化名村"等称号；被住房和城乡建设部列入第一批中国传统村落名录中；荣获中国最值得外国人去的50个地方金奖。

自力村

铭石楼（《让子弹飞》拍摄地）

云幻楼

菜园与碉楼群

居安楼

振安楼

叶生居庐

龙胜楼

查阅有关资料，回答以下问题：

1. 自力村里有多少座碉楼？
   _____

2. 自力村碉楼兴建的原因是什么？现在还流行建造这样的碉楼吗？
   _____

3. 碉楼有哪些类型？各自有什么不同？
   _____
   _____

4. 在线观看纪录片《碉楼往事》第三集"祖屋情缘"。

活 动

特色小镇——赤坎古镇

赤坎古镇沿潭江而建，南岸是乡村，北岸则是城市，清一色的骑楼，庞大的洋楼群。沿江的堤东堤西路，里面有与之平行的中华路，夹在两条大路间还有一条叫"二马路"的小路，这是与江平行的"三横"，还有许多纵马路与它们交叉形成城区的路网。赤坎镇有一番中西合璧的古朴味道，因此，被列为"中国五大古镇"之一。

赤坎镇地标

赤坎镇先后被评为中国历史文化名镇、全国重点镇、广东省中心镇、广东省教育强镇、江门市十大特色镇。2016年10月，入选第一批中国特色小镇。

赤坎水坝

古渡口

开平地理

骑楼

食街

赤坎影视城

关氏图书馆

基督教堂

司徒氏图书馆

查阅有关资料，回答以下问题：

1. 结合自身体会，谈谈你对赤坎古镇开发和保护的意见和建议。
   _____
   _____

2. 开平市的主要旅游景点分布在哪些乡镇呢？
   _____
   _____

3. 请你设计一条旅游路线，把开平的主要旅游景点都玩遍吧。
   _____
   _____

活 动

第五章 区域差异与区域发展

第一节 北部山地林业及生态农业区

开平市北部山地林业及生态农业区包括龙胜、马冈、大沙三镇。

美丽山城——大沙镇

大沙镇位于开平市西北部，与恩平市和云浮市新兴县交界，距开平市区56公里，全镇总面积215.6平方公里。大沙镇既是开平市边远山区、革命老区，又是水库移民区，全镇总人口3.2万人，水库移民7000多人，下辖14个村委会和1个社区居委会。

大沙镇山、水、林资源丰富。天露山脉群峰挺拔，林木苍翠，风光秀丽，

大沙镇地标

好山好水

开平地理

岗坪茶场

榄坑梅花

双石山

主峰海拔 1250 米，是广东南部最高的山峰。大沙河水库集雨面积 217 平方公里，总库容 2.58 亿立方米，是江门市三大水库之一，也是开平市区及周边镇近 45 万人重要的饮用水源。全镇现有林地面积 18 万亩，种植有杉树、松树等林业作物，林木郁郁葱葱，森林覆盖率极高，生态环境保护良好。

近年来，大沙镇重点发展茶叶、花卉、青梅种植以及小水电等特色产业，现有名优茶树种植 1200 多亩，花卉培植 3560 亩，青梅种植 6000 多亩，小水电站 32 座，茶叶、青梅等农产品在开平地区已有一定的知名度和影响力。

面向未来，大沙镇将充分利用山、林、水库及农耕文化等旅游资源进行保护性开发，突出"天露山+潜龙湾"的山林生态农业特色，打造山地旅游度假基地。同时，还要做好大沙河流域的水土保持和水质保护工作。

阅读 　　　　　天露山

　　天露山又名双石顶。天露山脉呈东北—西南走向，是新兴和开平的界山。主峰天露山位于南端，海拔1250米，山势巍峨，云雾缭绕，山花烂漫，四季如春，杜鹃花、梅花、禾雀花、石榴花、山茶花、桫椤以及各种珍稀花木等组成了一座绿色的宝库。高山密林的空气中含负离子达到10万个/立方厘米，是天然的大氧吧。是广大登山爱好者理想的登山目的地，一年四季均吸引登山爱好者前往。

　　天露山山脊是开阔而温柔的草坡，不时有牛群满山奔走，沿路散落着一丛丛杜鹃和一些不知名的白花。遇到有云雾的日子，双石顶两块巨石矗立在云海之中，时幻时灭，犹如海市蜃楼。

　　处处灵气处处生机，处处人家处处梅花。每至隆冬大雪时节，几十里梅花一齐开放，洁白如雪，晶莹似玉，蔚为壮观，且花气四溢，香远益清。城里人若在此时来赏梅花，听泉声，品青梅酒，尝村野鲜蔬，可比谪仙醉桃花。

花开时节

影迷

雾朦胧

倒影

开平地理

露营

环保大行动

（资料来源：360 百科，https://baike.so.com/doc/6147833-6361018.html。）

查阅有关资料，回答以下问题：

1. 天露山脉的主峰是（   ），海拔高度为（   ）。
2. 假如海拔高度为 50 米的开平某地的某一天气温为 34.2 摄氏度，这一天天露山山顶的气温大致为（   ）摄氏度。
3. 到天露山赏梅花应选择的季节是（   ）。可以到山上烧烤吗？（   ）为什么？请说出你的观点和理由＿＿＿＿＿＿＿＿＿＿＿＿＿＿＿＿
4. 你登过天露山吗？（   ）学校拟于近期组织一次登天露山，对天露山的生态环境进行实地考察活动。为了搞好这次活动，学校决定开展一次征集方案有奖活动。请大家提出宝贵的意见和建议，草拟出本班的活动方案。要求：

（1）方案应充分考虑组织野外活动的方方面面。

（2）以小组为单位，由小组长收集整理小组成员的意见和建议；班长收集各小组的意见和建议，组织班干部进行充分的讨论，制订出本班的活动方案。

（3）下星期上这节课的时候，大家一起讨论这个方案。为方便展示，活动方案最好做成 PPT 的形式。

活 动

"马冈鹅"原产地——马冈镇

马冈镇位于开平市西北部。北邻龙胜，南毗塘口，西靠大沙镇、恩平市，东与苍城接壤，与开平市区相距 30 公里。辖区总面积 92.3 平方公里，辖 20 个村委会、233 条自然村、2 个社区居委会，人口约 5.5 万人，大部分在珠三角等发达地区经商。另外，港澳及海外乡亲约 3 万人。

马冈镇地标

优之名马冈鹅标准化养殖示范基地

优之名文化园

丽冠人造板有限公司

木材加工

马冈镇地理位置较为优越，大沙河水库处在马冈的上游，水资源充足。属半丘陵地区，土地肥沃，盛产稻米、水果及"三鸟"、塘鱼等。名扬中外的"马冈鹅"是马冈镇传统的特产，马冈镇家家户户有养殖马冈鹅的习惯，其特点是生长快，皮薄肉嫩，味道鲜美。产品畅销国内外，并于2013年获颁国家农业部农产品地理标志证书。目前，全镇建成了多个马冈鹅养殖、种苗繁育示范区。

"马冈鹅"是广东省地方优良鹅种之一，品种源于开平市马冈镇，故名"马冈鹅"。其特点是：体

优之名马冈鹅养殖场

开平地理

马冈鹅养殖场

家养马冈鹅

形适中,头、嘴、脚皆乌黑色,羽毛灰黑色,头大、颈粗、胸宽、脚高,皮薄,肉纹纤细,肉质好,脂肪适中,味道鲜美。另外,马冈鹅抗病力强,吃粗粮早熟、易长,产蛋较多。

"开平绿肺"——龙胜镇

龙胜镇位于开平市西北部。东邻苍城镇,南接马冈镇,西与大沙镇一水相隔,北与云浮市新兴县接壤。全镇总面积126平方公里,下辖16个村委会、2个居委会、103条自然村,全镇总户数8700户,人口3.5万人。耕地面积2.8万亩,其中,水田面积2.3万亩,旱地面积0.5万亩;林业用地9.3万亩,其中,有林面积8.6万亩。

龙胜镇地标

龙胜镇西北倚闻名的开平市大沙河水库风景游览区,大沙河水自西北向东南流经全境。境内是低山、丘陵地形区。地处亚热带,气候温和,雨量充足,年平均气温23摄氏度,年降雨量2000毫米。绿色,代表着旺盛的生命力,是龙胜镇的主色调。龙胜镇作为"开平绿肺",拥有面积广阔的大林场;翡翠一样的孔雀湖,无声地滋养着万物。

龙胜镇以水稻种植为主,兼种水果以及番薯、花生、木薯等。2015年,全镇种植荔枝、龙眼、台湾番石榴等优质水果3.97万亩,总产量8143吨,形成大规模的商品基地。近年来,种养业迅猛发展,建立了养猪、养鸡、种植花卉等种养基地18个，已趋规模化、专业化。全镇有养鸡专业户300多户，年饲养量420万只；养猪专业户70户，年饲养量40000头；花卉基地5个，种植面积3740亩。"一村一品"的农业结构初具规模。

镇海林场

大沙河水库工程管理处

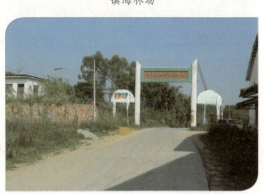

亚热带水果中心

国家现代农业示范区示范基地

现代化水稻生产加工示范基地

桥联村委会科普示范基地

亚热带水果——火龙果

第二节　东部中心城区及产业集聚区

　　东部中心城区及产业集聚区包括月山、水口、沙塘、苍城四镇，三埠、长沙两个街道办事处和翠山湖管委会。

"小武汉"——三埠

　　三埠是开平市的中心城区，由长沙、新昌、荻海、祥龙四个埠隔潭江而建，物阜人丰，因三江汇合，桥梁众多，享有"三江六岸十八桥"之美誉；又因原三埠被潭江分割为长沙、新昌和荻海3个区域，与武汉三镇有相似之处，故又有"小武汉"之称。三埠是开平市政治、经济、交通和文化中心，同时又是江门市的副中心城市。三埠辖区内河涌纵横，景色秀丽，先后被评为全国园林绿化城市、中国优秀旅游城市，三埠城乡更如镶嵌在潭江河畔的一颗明珠，光彩夺目。

　　三埠投资环境优越，地处粤西地区交通咽喉之地，水陆路交通极其便利，四通八达，潭江大桥等20多座桥梁将三埠各区域连为一体，正在建设的环城公路和深茂铁路将城市内外的距离拉得更近，是珠三角未来一小时经济生活圈的地域之一。

　　三埠街道位于开平市中部偏东，面积32.4平方公里，人口20多万。港澳台和海外乡亲11.5万多人。属珠江三角洲经济开发区，北与长沙街道办事处接壤，西联赤坎镇，西南邻台山市，东北相邻水口镇，地理位置优越。

　　**"三江六岸十八桥"**

　　开平既是"侨乡"，也是"桥乡"。"三江六岸十八桥"更是享誉五邑，每一个开平人都为之自豪。

潭江大桥

开平大桥

荻龙桥

窖龙桥

祥龙桥

苍江大桥

冲澄桥

幕沙桥

苍江桥

开平地理

长振桥

曙光桥

新海桥

迳头二桥

迳头桥

荻新桥

东河桥

三江桥

第五章 区域差异与区域发展

宝源桥

南环桥

建设中的东环大桥

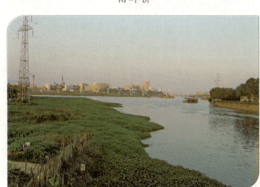
建设中的西环大桥

（资料来源：三埠街道办事处。）

查阅有关资料，回答以下问题：

1. 人们常说的开平"三江六岸十八桥"指的是什么地方？"三江"指的是哪3条江？

   _____

2. 说一说，你所认识的三埠城区的桥梁有哪些？有18座吗？

   _____

3. 为什么开平三埠城区的桥梁特别多？

   _____

活 动

开平地理

宜居新区——长沙街道

长沙街道是开平市的政治、文化、经济、商贸中心。其东接水口镇，西接赤坎镇、塘口镇和沙塘镇，南临三埠街道，北靠梁金山、翠山湖新区。国道G325、省道S274（腰占）、开平大道贯穿全境。

开元工业城是长沙街道的工业集中地。纺织制衣是长沙街道的特色工业。农业生产在辖区亦占有重要地位。长沙街道高度重视农村经济发展，加强农村基础建设，不断完善基础设施，为推动辖区全面发展提供基本保障。

近年来，房地产业已成为带动长沙街道快速发展的引擎，特别是以碧桂园的成功进驻为标志，海伦堡、津园、天富、云顶、云景、珀丽湾、宏都水岸、东汇城、中业新城、骏贤居、轩汇豪庭、香堤翠景等多个项目也相继落成或在建设中，使长沙街道迅速成为开平的宜居新区。商贸物流业成为长沙街道新的

长沙街道办事处

开平市人民公园

开元公园

东汇城

花园酒店

碧桂园·翡翠湾

香堤翠景小区

津园小区

经济增长点，如东汇城、益华广场、旅游购物街、华润万家、大润发商城、国美电器等。饮食服务业的发展为开平市民群众提供了极佳的美食娱乐体验，鱼米之乡、君悦、威尔逊、花园、新庭园、逸丽、爱上咖啡、同乐、板前、东一餐厅等为大家带来可口的中外美食。

中国水暖卫浴王国——水口镇

　　水口镇位于开平市东郊，总面积80.1平方公里，常住人口6.9万人，外来人口5万多人，是一个有悠久历史的城镇，驰名中外的"广合腐乳""金

水口镇一角

开平地理

山火蒜""水口白菜"为当地特产。水口镇地理区位优越，水陆交通方便，是台山、新会、鹤山、开平的交汇处；设有对外开放口岸；国道G325、佛开高速公路、开阳高速公路贯穿全境。镇内第三产业配套完善。水口镇已成为投资经商的"黄金宝地"。

水口镇是珠江三角洲经济开发区首批重点工业卫星镇，以水暖卫浴、纺织和食品业为三大支柱产业。全镇共集聚了从事水暖卫浴生产的企业500多家，从业人员5万多人，形成从原材料供应、零部件加工、成品装配到技术研发、产品设计、质量检测、物流配送、电子商务的完备产业链，先后获得"中国（水口）水龙头生产基地""中国水暖卫浴生产基地""中国水暖卫浴五金出口基地""国家外贸转型升级专业型示范基地""广东水暖卫浴国际采购中心"等一系列荣誉称号，享有"中国水暖卫浴王国"之美誉。

目前，水口镇已成为集农、工、

开平界碑

水口桥

太湖鱼翅海鲜酒家

长冈古庙

龙塘何氏祖祠

中国卫浴城

泮村灯会

商、贸于一体,功能齐全的小城镇。文体活动活跃,是著名的粤剧演员、艺术家红线女的故乡。先后被评为全国体育先进镇、广东省卫生镇、广东省教育强镇、江门市十大特色镇(街),并顺利通过了广东省宜居城镇的验收,是广东省的中心镇、卫生先进镇、科技专业镇、小城镇建设中心镇、专业镇技术创新试点单位,城乡规划、建设高标准进行。

广东省化工专业镇——月山镇

月山镇位于开平市东北部,是著名的侨乡,距开平市中心18公里,区域面积121.12平方公里。辖区18个村委会、2个居委会,户籍人口4.7万人。地貌类型以平原、丘陵为主,水土资源丰富,境内有潭江支流,并有大小水库56个。

月山镇地标

月山镇拥有"广东省化工专业镇"和"广东省卫生镇"称号,医药、五金、水暖器材、油墨、涂料、电镀、制鞋等特色产业发展迅猛,已成为支柱产业。目前,全镇上规模的企业80多家,产值超亿元企业就有3家,其中,广东彼迪药业有限公司年产值超2亿元。

月山镇重点企业有广东彼迪药业有限公司、广东德康化工实业有限公司、

开平地理

开平市金象油墨化工有限公司、开平市新明光五金制品有限公司以及跨国集团开平特佳水龙头有限公司、开平特佳五金工业有限公司和开平科博仕卫浴科技有限公司等。

金三田化工

南安里

参皇公司

彼迪药业

德康油墨化工

金象油墨化工

姿彩化工

珠三角工业"卫星镇"——苍城镇

苍城镇地标

苍城镇是省级中心镇、可持续发展实验区和珠江三角洲工业"卫星镇",是有300多年历史的古县城。该镇东邻月山镇,西连龙胜镇,南接马冈镇,北与鹤山市宅梧镇相连,全镇总面积138.6平方公里,辖13个村(居)委会、99条自然村,户籍人口3.2万人。苍城镇距开平市中心18公里,是开平市西北部经济、文化、交通中心,有东西、南北干线水泥公路,省道S274线横贯全镇。

苍城镇是开平市级化工专区和镇级重点工业集中区,初步形成造纸、制鞋和生产经营胶黏剂、涂料、中纤板、汽车配件等特色产业。

南门桥

苍城学宫

劳动广场

开平地理

农业产业化稳步推进。"三高"农业、特色农业发展迅速,国家现代农业示范区农业科技园落户镇内。

东宝密封胶厂

五联人造板公司

粤师傅公司

中铝公司

开平市工业重镇——沙塘镇

沙塘镇位于开平市中部,距开平市区16公里,总面积89平方公里,下辖15个村委会、1个社区居委会,总人口3.3万人,是著名的侨乡和建筑之乡。沙塘镇交通便利,开阳高速公路横跨全境,在锦星村委会处设有出入口;省道S274线贯穿全镇,

沙塘镇地标

并连接国道 G325；镇村通镇级水泥公路网全部建成。

　　沙塘镇是开平市的工业重镇，已形成三大特色产业：一是以百澳药业和牵牛生化制药有限公司为龙头的现代制药业企业；二是以港电电器、吕鑫铝材为龙头的五金制造业；三是以杰森纺织为代表的纺织服装制造业。

下丽大道

沙塘桥

开阳高速公司

百澳药业

牵牛生化制药

和益隆金属制品

港电电器

查阅有关资料，回答以下问题：

1. 请回到你的家乡或在你亲戚的家乡，开展一次以"农村人都进城务工了，农村的土地由谁来种？"为题的社会调查，写一篇800字左右的调查报告，于第十八周提交。

2. 海外回来的叫"海归"，城里打工回来的就是叫"城归"。你有认识的"城归"吗？他们回到农村干什么？为什么要回到农村？他们与当地土生土长的农民有什么不同？

_____

3. 在新型城镇化的过程中，必然会产生各种各样的问题。你最关心的问题是什么？有何对策？

_____

活 动

翠山湖科技产业园

园区一角

开平翠山湖科技产业园位于开平市城区北部，作为江门市核心经济平台"1+6园区"的重要"一园"，翠山湖科技产业园全力打造集创新驱动、产城融于一体的科技产业园。先后于2009年被认定为广东省级产业园、省示范性产业园；2011年被评为省产业园十大重点园区；2011—2014年连续4年在全省产业园考核中被评为优秀等次；2014年、2016年被评为广东省工业园五星级服务园区；2016年，成功挂牌中欧（江门）中小企业国际合作区新材料产业基地。

翠山湖科技产业园紧紧围绕广东省"珠西战略"、江门市"打造'三门'、建设'三心'"的战略部署，一张蓝图目标明确：结合申报产业集聚发展区范围项目，以翠山湖为核心，整合周边水口、月山、沙塘、苍城4个镇资源，连片成较大产业集聚区，整合后园区总体规划面积130平方公里。在发展定

第五章 区域差异与区域发展

翠山湖管委会

翠山湖客运站

物流园及清关中心

农村信用社

创业孵化基地

国汇工业园

联新有限公司

高美空调

位上，积极对接"珠西战略"，致力打造"珠西先进机电装备产业示范基地"；在发展方向上，秉持"产城融合"的理念，着力打造"科技新城、城市新区"；

在产业导向上，坚持"精准招商"措施，主攻五金机械、电子信息、新材料、汽车及零部件、大健康产业等五大产业。

月福汽车

阅读　江门国家高新区开平翠山湖科技园挂牌启航（摘录）

为深入贯彻江门市委、市政府的统一部署，推进开平翠山湖产业大平台的升级发展，2016年10月24日上午，开平市和江门高新区（江海区）联合在翠山湖科技产业园举行江门国家高新区开平翠山湖科技园挂牌仪式，并签约启动翠山湖与高新区的招商信息互联互通合作。

挂牌仪式

以国家高新区为核心，引领"1+6+N"园区加快发展是江门市委、市政府贯彻落实"创新、协调、绿色、开放、共享"五大发展理念和建设珠三角国家自主创新示范区的重要举措。江门国家高新区开平翠山湖科技园的成功挂牌，特别是翠山湖（月山）招商局与江门高新区招商局签订"招商信息互联互通合作框架协议"，将有利于翠山湖科技园的品牌塑造、品位提升，有利于翠山湖加强与江门高新区招商信息的整合和共享，有利于翠山湖加快对接江门高新区在国家和我省的各项规划和产业资源，形成"双赢发展"。开平市将以此为契机，依托"国"字招牌产业平台，加快实施产业提质工程，继续打好招商引资持久战，突出抓好招大引强，力促我市经济发展工作再上新台阶。

（资料来源：江门广播电视台开平新闻，http://www.jmtv.cn/news/a/b/2016-10-25/1477363006175.shtml。）

阅读以上资料，回答以下问题：
1. 江门高新区是（　　）级的高新区，开平翠山湖科技园是（　　）的科技园。
2. 江门国家高新区在开平翠山湖科技园挂牌，对两大园区的发展带来什么好处？

第三节 西部历史文化及世界遗产保护区

开平西部历史文化及世界遗产保护区包括赤坎、塘口、百合三镇。

特色小镇——赤坎镇

夕阳西下的赤坎江南

赤坎镇位于珠江三角洲内，开平市中部潭江河畔，至今已有360多年的历史，保存了大量中西合璧的华侨建筑。全镇面积62.1平方公里，下辖19个村委会、2个居委会、280条自然村，居住人口4.7万人，港澳台及海外乡亲9万多人，曾经涌现出著名爱国侨领致公党创始人司徒美堂等一大批名人名家，拥有星罗棋布的华侨文化传统村落，华侨文化底蕴深厚，是全国著名的侨乡。近年来，赤坎镇先后被评为中国历史文化名镇、全国重点镇、广东省中心镇、广东省教育强镇、江门市十大特色镇街、中国特色小镇。

赤坎镇风光优美，旅游资源丰富。珠江支流——潭江横贯全镇，域内河网密布，是典型的岭南水乡；域内现有驰名世界的开平碉楼、骑楼1000余座，中西合璧的建筑风格独特，被誉为岭南建筑的奇葩，其中，尤以堤西路欧陆风情街和建于明代的现存最早的开平碉楼——迎龙楼为代表。

开平地理

邓一飞烈士纪念公园

高萌岛

司徒美堂故居

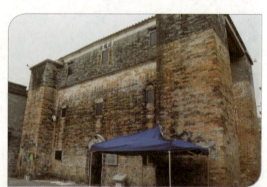
三门里迎龙楼

  2014年9月,在江门市有关部门的指导和推动下,开平市人民政府与中信产业投资基金管理有限公司(以下简称为"中信基金公司")正式签订赤坎古镇保护开发项目协议。赤坎古镇华侨文化展示旅游项目是开平市打造旅游强市的重大项目之一,已列入广东省和江门市重点项目。目前,该项目成功引进乌镇旅游团队,具体负责项目开发、建设和管理。开平市创新设立赤坎古镇文化旅游开发建设管理委员会,与赤坎镇深度融合,加紧与中信基金公司、乌镇旅游团队做好工作对接,扎实有序地推进项目建设。

加拿大村如春楼

第五章 区域差异与区域发展

南楼

欧陆风情街

"碉楼之乡"——塘口镇

"碉楼之乡"塘口镇，无村不碉

塘口镇位于开平市中部，全镇面积73.5平方公里，辖区有2个居委会、16个村委会、191条自然村，户籍人口3.2万人。港澳台及海外乡亲4万多人，分布在58个国家和地区，是知名的华侨之乡、碉楼之乡、曲艺之乡和广东省碉楼旅游专业镇、省教育强镇。

自力村碉楼群

塘口镇地理位置优越，交通运输便利，距开平市区9公里，毗邻国道G325线，境内的赤九公路南接赤坎镇，北连马冈镇，西通恩平沙湖镇，交四公路贯穿全境；① 开阳高速公路横跨全镇5个村委会，并在升平村有出口。享有"中国华侨园林一绝"美誉的立

---

① 当地人把赤坎镇至四九圩的公路称为"赤九公路"，交流渡至四九圩的公路称为"交四公路"。

开平地理

立园

凤仪里

园和世界文化遗产——自力村碉楼群这两个著名景点就在塘口镇。塘口镇旅游资源丰富，正积极拓展旅游发展空间，不断完善旅游基础设施建设，优化旅游环境，加大旅游宣传力度，把旅游业培育成富民强镇的支柱产业之一。

位于塘口北义村委会的"仓东计划"获得2015年联合国教科文组织亚太区文化遗产保护奖（优秀奖），仓前秉文谢公祠荣获"开平市示范祠堂"荣誉称号，仓东逐渐受到社会各界的关注，吸引了不少游客前来进行文化遗产教育、深度文化参观访问等活动，对文化传承和旅游起了很好的促进作用。经过不懈努力，塘口镇及自力村分别获得上级旅游部门授予的"全国第三批特色景观旅游名镇名村"等称号，入选首批中国乡村旅游模范村、广东省旅游名镇、江门市乡村旅游示范镇等。

南安里

荣桂坊

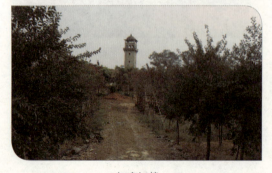
方氏灯楼

天下粮仓

广东省侨乡文化研究中心开平"仓东计划"项目获联合国殊荣

1月27日,广东省江门开平市塘口镇仓东村举行了"联合国教科文组织亚太区文化遗产保护奖(优秀奖)"的颁奖典礼。联合国官员古琅女士(Ms Gurung)亲临村中祖祠,为仓东教育基地颁发了奖牌。

仓东教育基地,又称"仓东计划",由开平人、五邑大学中国侨乡文化研究中心的谭金花副教授发起并创办于2011年。项目以仓东村为"文化保育试验场",旨在推广文化遗产的保育理念,通过进行建筑修复和社区营造,借鉴海内外文化遗产的发展经验,探索中国古村落及本土文化的发展新道路。项目实施5年以来,得到

宣读颁奖词

颁奖典礼

了旅港村民后裔谢天佑及香港炼金石公司负责人邓华的慷慨资助,结合联合国教科文组织的文物修复标准,先后修复了村中两座祖祠、一座碉楼、两处清代传统民居,重建了一座古庙。其间,不但修复了文物,大大改善了村容村貌,还增强了村民的社区凝聚力及文化认同,使得村中传统的生活方式、历史文化得到传承。

(资料来源:南方网江门新闻,2016-01-29,http://jm.southcn.com/content/2016-01/29/content_141716130.htm。)

秉文谢公祠和侯成谢公祠

开平地理

仓东村简介

开平市塘口镇仓东村是开平潭边院谢姓族人的始祖村，自元朝谢荣山在此辟土而居以来，已有700年的历史。在仓东村，秉文谢公祠和侯成谢公祠比肩而立，承载着村民对祖先的缅怀与敬仰。目前，仓东村因实行乡村文化遗产保育为目的的"仓东计划"而走上了国际舞台，荣获2015年联合国教科文组织亚太区文化遗产保护奖（优秀奖）。

仓东村

阅读以上资料，回答以下问题：

1. 仓东教育基地位于（　　　）省（　　　）市（　　　）镇仓东村。
2. "仓东计划"的发起人是五邑大学中国侨乡文化研究中心的（　　　）副教授，她是（　　　）人。
3. "仓东计划"获联合国教科文组织亚太区（　　　）奖。
4. "仓东计划"的目的和意义是什么？
   _____
5. "开平碉楼与村落"申遗的4个申报点分别是（　　　）村落、（　　　）村落、（　　　）村落和（　　　）村落。4A景区立园为什么没有被列入"开平碉楼与村落"申遗名单？
   _____

活动

"最美乡村"——百合镇

百合镇地处开平市中西部腹地，东南望台山市，西与恩平市接壤，潭江、锦江、赤水河三江汇于境内，因"百客往来，三水汇合"而得名。全镇总面

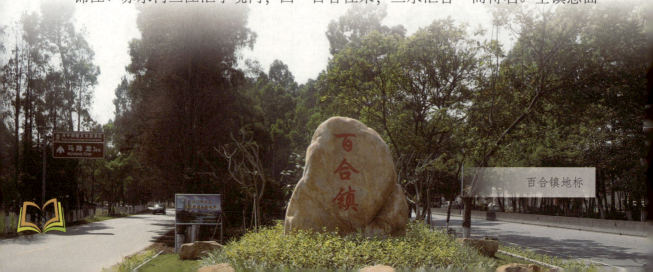

百合镇地标

积约 66 平方公里，是全国著名的华侨之乡和革命烈士周文雍的故乡。百合镇又是碉楼之乡，镇内共有碉楼 380 多座，是开平市碉楼数量最多、最具特色的乡镇之一。其中，马降龙碉楼与村落因其优美的自然环境，被联合国专家喻为世界最美的乡村，并于 2007 年 6 月 28 日成功申报世界文化遗产。

百合圩一角

百合镇交通十分便利。东距开平市区 18 公里，距国家一级口岸三埠港 19 公里，国道 G325 横贯全境 13 公里，与开阳、佛开高速公路联网相通；境内潭江河可通航至江门、广州和港澳等地。

百合镇致力打造工业强镇和旅游名镇。主要工业有五金建材、化工、食品、医疗器械、制衣等，主要集中分布在国道 G325 百合段工业走廊。

百合大桥

周文雍陈铁军烈士陵园

义兴水上居民村

雁平楼

旅游业是新兴产业。在农业方面，"三高"农业结构合理，主要以水稻等作物为主，近年招商引入多个夏威夷优质木瓜种植基地和优质水产养殖场，使百合农业经济快速发展。百合经济社会和新农村建设正走向新的历史发展时期。

三顾楼

适庐

 阅读　　　　　　合山铁桥

合山铁桥位于开平市百合镇齐塘村委会合山东侧。民国二十三年（1934年），由"开平合山筑桥会"集资兴建。该桥是一座桁架钢铁无墩桥，钢筋混凝土桥面，所用钢材从德国进口；东西走向，连接从齐塘通往蚬冈的公路，长67米，宽9.5米，承载量10吨。该桥是民国期间百合和蚬冈两地交通的枢纽。1926年6月29日，当地发生渡船沉没死亡31人的惨剧，震惊海内外。1930年，百合和蚬冈两地归侨、侨眷成立"开平合山筑桥会"，以集股形式在美国、加拿大等地发动捐款，每股25美元，共筹集白银1.62万元，由当时日本早稻田大学桥梁工程系毕业回国不久的黄勒庸（百合厚山人）自行设计、组织施工建成。1983年3月23日，合山铁桥被列为开平县重点保护文物。该桥曾是连接粤西地区国道G325公路的主要桥梁之一。

合山铁桥东

合山铁桥北

合山水闸库区

新"合山桥"

（资料来源：百度百科，https://baike.baidu.com/item/%E5%90%88%E5%B1%B1%E9%93%81%E6%A1%A5。）

> 阅读以上资料，回答以下问题：
> 为什么要建"新合山桥"？"新合山桥"建成后，原合山铁桥还可以发挥什么作用？请举例说明之。

活动

第四节 南部田园生态农业区

南部田园生态农业区包括蚬冈、金鸡、赤水三镇。

亚热带水果基地——蚬冈镇

蚬冈镇地处北回归线以南，属亚热带季风气候。阳光充足，雨量充沛，气候温暖，季风明显，无霜期长。由于雨水均匀，春旱较早。平均气温23摄氏度，年降

蚬冈镇地标

雨量2100毫米。其地理位置优越，土地资源丰富，基础设施完善，交通便利，治安良好，环境优美，拥有国家重点保护文物——开平碉楼共170多座，其中，

开平地理

　　坐落于锦江里的瑞石楼号称"碉楼之王"，为开平碉楼之最，其楼高9层，建于20世纪初，设计完美，融合中西建筑文化于一体，极具特色，于2010年成功申报为世界文化遗产；还有被称为"开平比萨斜塔"的侧楼。

　　蚬冈镇人口2万多人，是著名的侨乡，港澳台及海外乡亲4.1万人，海外乡亲主要聚居在美国、加拿大等地。

　　蚬冈镇地貌属丘陵，原以水稻种植为主，其他经济项目主要有玉米、甘蔗、番薯、大头菜以及"三鸟"等。近年来，积极发展"三高"农业，建设亚热带水果基地，种植各类优质水果16400多亩；发展种桑养蚕基地1000多亩；开挖鱼塘2000多亩等。

合山水闸库区

锦江里村落

侧楼

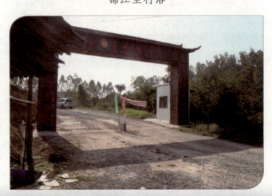
优泽生态休闲谷

养殖场

第五章 区域差异与区域发展

火龙果生产基地

花卉场

 2016年开平市蚬冈镇首届奇异火龙果美食节完美落幕！（摘录）

23日上午，以"观特色农业，赏世界斜楼"为主题的"2016蚬冈镇首届奇异火龙果美食节"在开平市优泽生态养生谷开幕，活动吸引了600多人前来观光、品尝火龙果。

开平（蚬冈）优泽生态养生谷占地面积400多亩，种有红肉火龙果15万株。本次美食节结合"瑞石楼""蚬冈斜楼""合山铁桥"等多处特色景点，游客不仅可以品尝优泽农场新品奇异火龙果，还可以一饱蚬冈特色美食——鸡濑粉。

（资料来源：江门农业，2016-09-28，http://www.diyitui.com/content-1474867235.56429925.html。）

火龙果树

阅读以上资料，回答以下问题：

1. 位于蚬冈镇的（　　　　　）为"开平碉楼与村落"的4个申遗点之一，其代表作（　　　　　）被称为"开平第一楼"。

2. 蚬冈镇属（　　　　　）地貌，原以种植（　　　　　）为主，现着力建设（　　　　　）水果基地，以种植（　　　　　）水果为主。其中，以优泽生态养生谷种植的（　　　　　）最著名。

3. 开平市优泽生态养生谷举办的以"观特色农业，赏世界斜楼"为主题的奇异火龙果美食节有何意义？

活动

开平地理

养鸡专业基地——金鸡镇

金鸡广场

金鸡镇位于开平市西南部，地处恩平、开平、台山三市交界，距开平市区38公里，东与开平市赤水镇相邻，北与蚬冈镇接壤，南与台山市挪扶镇交界，西与恩平市东安镇、东成镇毗邻。全镇总面积120.5平方公里，下辖11个村委会和1个居委会。总人口2.1万人。

金鸡镇自然环境优美，有独特的地理优势，为各方来客提供怡人的投资、旅游环境。金鸡镇属亚热

田园风光

金鸡王禽业公司

合民公司

带季风气候，地处丘陵山区，依山傍水，物产资源丰富，为农、林、牧、副、渔业的发展提供了有利的条件。

金鸡镇是远近闻名的养鸡专业镇，养鸡业以"公司＋基地＋科技＋农户"为模式，年总饲养量达2800多万只，并建立了蔬菜、生猪、肉鸡、优质粮、林业、水果等商品化基地。同时，金鸡镇农业基础设施较为完善，全镇拥有大小山塘水库60宗，有力地促进了农村经济的稳步发展。如今，中微子项目的落户，为金鸡镇的发展带来了机遇。面向未来，展现给大家的将是一个以"科普教育＋农业观光"为特色的新金鸡镇。

为农服务中心

农牧发展公司

走地鸡养殖场

现代农业创业创新示范基地

中微子工程项目部

中微子工程斜井区施工现场

开平地理

特色农业基地——赤水镇

日升楼

赤水镇位于开平市西南端，距离市区 40 公里，于 2003 年 10 月由原赤水、东山两镇合并而成。赤水东邻台山市，西毗金鸡镇，地域辽阔，是开平市面积最大的镇，镇域总面积 301 平方公里。赤水是革命老区，总人口 4 万多人，现辖下 16 个村委会、3 个居委会、94 个村民小组，有耕地面积 6.9 万亩，山地面积 12.5 万亩。

赤水镇土地资源丰富，多低山丘陵地，是开平市的农业大镇，传统的农产品以水稻、甘蔗、花生、木薯、蔬菜等为主。近年来，赤水镇通过发挥土地资源优势，新发展起一大批特色农业项目，如裕茂农业开发有限公司、东山鸿懋有限公司及天地一号生产有限公司等，并通过农业基地、农村合作社

赤水镇一角

为农服务中心

等模式，带动农户生产种植，发展了茶坑远大农场热带水果基地、冲口青皮冬瓜基地、高龙辣椒生产基地、涩溪马铃薯基地、瓦片坑农产品批发市场、祥兴农机专业合作社等，实现农业增效，农民增收。

赤水镇山清水秀，旅游资源丰富，拥有目前开平市境内唯一的温泉资源。通过与立园、自力村等世界文化遗产景点串联起来，形成优势互补、资源共享的旅游线路，吸引了众多游客。

养牛场

丰润养猪场

远大农场

田园风光

狮山水库

第六章 大 江 门

一、"东提西进，同城共融"战略

江门东部包括蓬江区、江海区、新会区和鹤山市，经济总量占全市的7成，这片区域现在面临的问题包括土地空间、环境问题等，限制着经济发展，只能在现有格局上整合提质。西部台山、开平、恩平（以下简称为"台开恩"）受皂幕山脉和古兜山脉的阻隔，台山、开平（以下简称为"台开"）两市城区均与江门中心城区约距50公里，与恩平城区也约距50公里，江门中心城区对其辐射影响力有限，交通区位优势不足，只有联手激发内生动力，实施协同共进才有出路。根据战略部署，其核心内容是推动"东提西进"发展战略，即东部板块要融合提质，西部板块要协同联动，打造"三门"、建设"三心"的主角。

"三门"：即新一轮改革发展的"开放之门"，粤西进入珠三角的"方便之门"，珠三角通向粤西、广西乃至大西南的

"辐射之门"。

"三心"：即珠江西岸（以下简称为"珠西"）新的城市中心、经济中心和创新中心。

融城发展，"交通一体"先行

在东部三区一市，"产城主轴"江门大道串联蓬江区、江海区、新会区和鹤山市。江门大道通车后，东部三区一市将真正构成一个20分钟的紧密城市生活圈。在西部台开恩，通过高速、快速路网建设，打通西部区域交通干线，促进台开同城。

江门大道则成为串联东、西的"助推器"，将实现串联珠江西岸8条高速公路，南北实现广佛核心区直达广海湾经济区[①]的对接，东西连接深中（深圳—中山）通道、深茂铁路、港珠澳大桥等重大交通基础设施，形成快进快出的东部高速、快速路网，同时与西部台开恩形成良好的互动效应，实现"东部一体，西部协同"，着力打造珠西新的城市中心。

东部一体，"一核两门"融合提质

东部三区一市的总体格局是"一核心两门户"。其中，蓬江、江海两区定位为东部的核心，是全市的政治、商贸、金融、科技创新和文化中心；新会定位为"南门户"，着力打造"珠西枢纽，美丽湖湾"；鹤山定位为"北门户"，着力打造"珠西制造，物联江佛"。

从具体区域分布重点凸显5个功能区，共同支撑东部三区一市形成一个大平台。蓬江滨江新城作为金融商务会展中心，着力凸显其城市核心地位；高新区作为科教研发中心，着力增强国家级高新区创新功能；新会会城作为交通枢纽中心，着力打造"珠西枢纽"，加强对珠西甚至珠三角的交通辐射作用；鹤山"东城"[②]作为商贸物流中心，依托国际物流港、广珠（广州—珠海）铁路、南沙港铁路等，打造珠西乃至珠三角商贸物流货运集散中心；鹤山"中工"[③]作为产业制造中心，争取引进先进（装备）制造重大项目。

[①] 广海湾经济区：指从新会崖门至台山广海的沿海经济区。
[②] 鹤山"东城"：以沙坪为中心，包括周边古劳、龙口、桃源、雅瑶等镇。
[③] 鹤山"中工"：鹤山工业城，包括鹤城、共和、址山三镇。

开平地理

阅读以上资料,回答以下问题:

1. 江门东部包括(　　　)区、(　　　)区、(　　　)和(　　　)市。
2. "三门"是指(　　　)、(　　　)、(　　　);"三心"是指(　　　)、(　　　)、(　　　)。
3. "东提西进,同城共融"战略为江门发展经济带来哪些好处?

_____

_____

活动

二、"台开恩协同发展"战略

2014年,江门市委、市政府量身定制提出"东提西进,同城共融"的区域突围发展战略。台开恩三市充分认识到,面对区位条件和产业基础相对较差的现状,面对江门打造"三门"、建设"三心"的战略目标,三市走协同共融发展之路,既是现实所需,也是大势所趋。

选择同城化作为新常态下县域经济发展的新路径,推动相邻的台山、开平两个县域经济中心城区同城发展,这在广东省属于首创之举。目的是以交通一体、产业同兴、文旅联创、环境齐治、民生共享为着力点,以台开同城带动台开恩协同发展,着力把台开恩打造成为江门的副中心、西门户。

交通一体

高速公路方面,形成了"三横两纵"的网络体系:"三横"即北线的沈海(沈阳—海口)高速(佛开、开阳高速)+广中江(广州—中山—江门)高速,中线的深(中)江(深圳—中山—江门)通道+开平至阳春高速,南线的西部沿海高速,这也是江门"东联西拓"的"三大黄金通道";"两纵"即新台(新会—台山)高速、高恩(高明—恩平)高速。

铁路方面,深茂铁路横贯台开恩三市,均设有站场,其中开平站设置在三埠街道燕山村。未来还规划有江恩(广佛江珠线新会站—恩平)城际、鹤台(鹤山—台州)铁路和台山—新兴的铁路等。

快速路方面,将以台开快速路、国道G325改线(台开恩联城快速)为核心,台开同城南线台山—开平即将建成通车,并推进陈宜禧大道、省道S274稔广线、S367冲恩线等快速化改造,全力打通市际之间的快速联系通道。

产业同兴

以翠山湖科技产业园和台山工业新城融合联手带动恩平工业园。开平翠山湖科技产业园和台山工业新城逐步成为台开两市经济发展的主战场。为优化布局，促进园区空间衔接，开平翠山湖科技产业园往东部拓展，台山工业新城向西北延伸，促进两地园区紧密对接。

为开展产业共建，推动产业协同发展，须明确开平翠山湖科技产业园、台山工业新城的产业定位，着力发展先进装备制造业。其中，开平翠山湖科技产业园重点发展五金机械、输配电设备、电子信息和汽车零部件等产业；台山工业新城重点发展清洁能源装备、重卡及汽车零部件、金属制造产业，壮大新材料、通用/专用设备制造、医药化工等产业；恩平工业园将重点发展造纸机械、陶瓷制造机械等通用机械制造产业，形成错位互补的产业协作体系。

文旅联创

台开恩三市将以开平碉楼、台山"海上丝绸之路"以及恩平温泉为依托，成立"台开恩世遗文化旅游度假区"，力争成为广东省第一批省级旅游度假区，并在2017年启动创建国家级旅游度假区。特别是围绕世界文化遗产的中国国际特色旅游目的地建设，开平深化完善提升，台山全力打造，台山开平联手打造江门"世遗中国侨都"之"世遗双绝"，恩平也要利用温泉和"航空小镇"品牌，共同打造西部旅游同盟，这也是当下全力推进西部同城共融的共同使命。

环境齐治

潭江作为江门的"母亲河"，主河道流经恩平、台山、开平三市，流域治理一直是难点，三市协同合作将共同治理潭江作为解决民生问题的突破口。

潭江流域集雨面积6026平方公里，其中5882平方公里（约97.6%）在江门市范围内，台开恩三市位于潭江中上游，流域面积3810平方公里，占该市潭江流域面积的64.5%。

从2015年开始，三市政府部门建立了台开恩潭江共治联席会议制度，协

开平地理

调流域上下游地区的水环境齐治,包括协调推进重度污染企业搬迁、畜禽养殖业禁养区限养区划定、商品林调整为生态公益林等工作,并制定实施"河长制",对未能达到水环境功能区划水质目标要求的河流和断面进行排名并实施相应奖惩,共同保护"母亲河"潭江。

民生共享

利用"互联网+政务服务",大力推进"邑门式""邑家园"公共服务平台建设,将服务延伸到村居,实现"服务就在家门口"。优化台开恩三市公共服务布局,重点打造同城公共服务中心,推进三市文化、教育、医疗、养老、全域旅游等公共服务设施的共建共享,逐步实现办事互通互认。

区域合作,共同发展

发展目标是到2019年,初步构建台开恩一体化发展新格局,台开恩在交通、工业、文化、旅游、民生、环境治理等领域实现协同发展,初步建立起高效便捷的联城快速通道、优势明显的现代产业集群、特色鲜明的生态人居环境、均等普惠的公共服务体系,使城乡人民生活水平显著提高,成为全省区域一体化发展示范地区。

> 阅读以上资料,回答以下问题:
>
> 1. "台开恩协同发展"战略是以(　　　)、(　　　)、(　　　)、(　　　)、(　　　)为着力点,以(　　　)同城带动台开恩协同发展,着力把台开恩打造成为江门的(　　　)、西门户。
>
> 2. 结合居住地区的实际,谈谈你对"台开恩协同发展"战略的理解或体会。
> _____
> _____
> _____
> _____

活动

参 考 文 献

[1] 广东省教育厅教研室，周顺彬 . 广东地理（八年级）[M]. 广州：广东省地图出版社，2007.

[2] 江门市教育局教学研究室 . 江门地理 [M]. 广州：广东省地图出版社，2007.

[3]（作者不详）开平县乡土地理 [M].（出版信息不详）1983.

[4] 广东省教育厅 . 广东省成人高中课本·地理 [M]. 广州：广东人民出版社，1995.

[5] 广东省开平市地方志办公室 . 开平县志（上下册）[M]. 北京：中华书局，2002.

[6]《开平年鉴》编纂委员会 . 开平年鉴（2008—2009·创刊号）[M]. 广州：广东省出版集团，广东人民出版社，2012.

[7]《开平年鉴》编纂委员会 . 开平年鉴（2010—2011）[M]. 广州：南方出版传媒，广东人民出版社，2015.